●广东体育军团精神丛书

志行风格

容志行传

胡荣锦　著

U0833558

南方日报出版社
NANFANG DAILY PRESS
中国·广州

图书在版编目（CIP）数据

志行风格：容志行传 / 胡荣锦著. -- 广州：南方日报出版社，2018.12
ISBN 978-7-5491-0996-8

Ⅰ.①志… Ⅱ.①胡… Ⅲ.①容志行一传记 Ⅳ.①K825.47

中国版本图书馆 CIP 数据核字（2013）第 276655 号

ZHIXING FENGGE：RONGZHIXING ZHUAN
志行风格：容志行传

著　　者：胡荣锦
出版发行：南方日报出版社
地　　址：广州市广州大道中 289 号
出 版 人：周山丹
责任编辑：刘志一　郭海珊
装帧设计：邓晓童
责任技编：王兰
责任校对：阮昌汉
经　　销：全国新华书店
印　　刷：广东信源彩色印务有限公司
开　　本：889mm×1194mm　1/16
印　　张：10.375
字　　数：167 千字
版　　次：2018 年 12 月第 1 版
印　　次：2018 年 12 月第 1 次印刷
定　　价：35.00 元

投稿热线：（020）87360640　读者热线：（020）87363865

广东体育军团精神

敢于拼、善于战、勇于胜

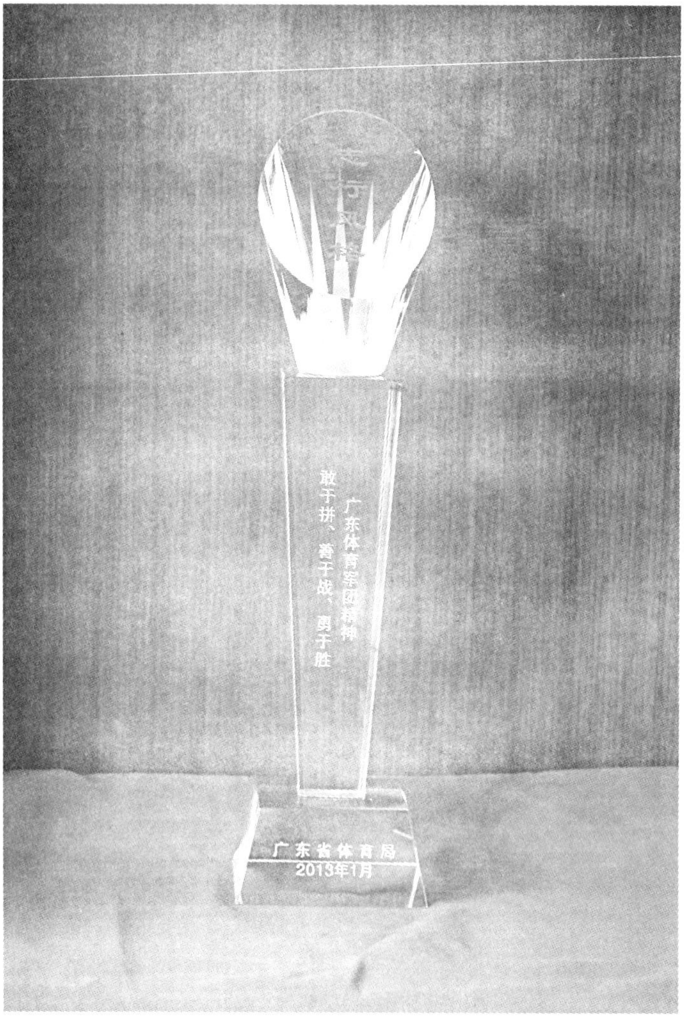
广东体育军团精神
敢于拼、善于战、勇于胜
广东省体育局
2013年1月

志存高远.

[illegible]

2013.12.6

目录

CONTENTS

第一章　牛奶厂街“波王”·1

1　父亲是容志行的启蒙教练·2
2　打遍牛奶厂街无敌手·6
3　喜遇伯乐·10

第二章　“用脑”踢球·17

1　自信的“湿水手巾”·18
2　“识走位”考入二沙头业余体校·22
3　难以舍弃的足球良材·25

第三章　不怕辛苦的“球痴”·31

1　没有比赛的日子·32
2　百里奔驰为踢球·35

第四章　一战成名 • 39

1　重返绿茵场 • 40
2　让人眼前一亮的传球 • 43
3　围棋的风度 • 47

第五章　震惊香江的“世界波” • 51

1　融入集体 • 52
2　震惊香江的经典之作 • 56
3　大战“汉堡” • 60

第六章　“危险人物”的两把“撒手锏” • 65

1　“场上救人”的真相 • 66
2　以技服人：做取胜的钥匙 • 69
3　以德服人：做球队的“大脑” • 78

第七章　与球王贝利交换战衣 • 87

1　与球王贝利惺惺相惜 • 88
2　对媒体的吹捧保持清醒的头脑 • 93
3　祖国需要我就上场拼 • 97
4　中国第五代球王 • 100

第八章　为中国足球打“争气波”・103

1　“中科之战”为国争光・104
2　距离世界杯一步之遥・111
3　“志行风格”的确立・114

第九章　低调的“孩子王”明星・119

1　光彩的退役・120
2　忙碌的“孩子王”・123

第十章　“志行风格”永不过时・131

1　重提那个“圆东西”・132
2　又见志行，又见志行・137

参考书目・142

附录・143

附一　容志行大事记・143
附二　教练、队友谈容志行・148

后记・151

1 父亲是容志行的启蒙教练

1953年夏天的一个傍晚，忙完了一天工作的容宝琛回到了周家巷的家。

“志行，我们去踢波啦！”容宝琛朝屋里喊了一声。

“好啊！我们又有得玩了！”屋里响起一阵欢叫，旋即涌出了几个小男孩。带头的就是那个被容宝琛叫作“志行”的5岁男孩，他的身后紧跟着两个弟弟。

容家在周家巷的中段，41号，是一幢三层的小楼，容宝琛一家住在三楼。

周家巷是一条东西向的直街，沿着麻石街出了巷子的最东面，便是那时出入广州最繁忙的解放北路。过了马路，再走200米左右，绕过一些房屋便是连新路。在连新路的东面，越秀山的南麓，广州中山纪念堂那瑰丽而庞大的建筑便出现在眼前。

中山纪念堂前有一片极为平整的空地，是广州人运动的好去处（中山纪念堂现在围墙建于1963年，之前可供人随意进入游玩）。

这片空地，是难得的踢波圣地，那时，它可以说是容家父子快乐的天堂。

“开波！”容宝琛将一个皮球抛在空地上，父子四人便追逐那个欢蹦乱跳的“波”奔跑开了……

“停波”“交波”（传球）“射波”……足球爱好者容宝琛不停地教着自己的孩子一些基本的足球技巧，遇到孩子踢出一脚好波，他便会大叫“好波”！

那时，广州人叫足球为“波”，它是英文“football”的简称。“football”的中文意译为“足球”，“ball”的读音近似粤语的“波”，主要是指足球。

广州人喜欢踢波是有传统的。19世纪60年代前后，近代足球传入香港，随后传入广东。广东一些教会学校率先

★ 今日周家巷

出现足球运动，如广州的培英书院和格致书院（先后改称岭南学堂、岭南学校、岭南大学）等。华侨对足球运动在广东的开展起了推动作用。光绪三十一年（1905年），广州的南武公学就将足球列为学生的主要课外活动。广东省运动会设足球项目比赛始于民国六年（1917年）的第六届。当时有四支球队参赛，学生队占三队，即岭南学校（翌年改称“岭南大学”）队、培英中学队、广东高等师范学堂队，还有一队是香港南华体育会（简称南华会）足球队。20世纪20年代，广州的足球队盛行盲目长传、单纯高吊冲门的战术。民国十四年（1925年）省港大罢工时，香港华人足球运动员纷纷回广州工作或学习，加盟广州的球队，传播了香港华人球队注重技术短传为主、边线进攻的踢法。由于这种技战术有利于发扬广东人灵活、善于思考之长，克服个子矮、体质较差之短，逐渐形成独特的

>> 香港华人足球运动员传播了香港华人球队注重技术短传为主、边线进攻的踢法。由于这种技战术有利于发扬广东人灵活、善于思考之长，克服个子矮、体质较差之短，逐渐形成独特的“南派”风格。

★ 宝岗体校的童年时光（前排右三为容志行）

“南派”风格，各足球队的实力也得到了加强。

容宝琛原籍广东台山，20世纪30年代他漂洋过海到印度谋生。出国谋生前，生活在“排球之乡”台山的容宝琛也喜欢打排球。回国后，他还买了一些排球带回台山送给朋友们。出国到印度后，在当时英属殖民地的印度，容宝琛喜欢上英国人发明的现代足球运动。中华人民共和国成立后，容宝琛从海外归国。

容宝琛在广州遇到了开展得比较普遍的足球运动，他如鱼得水，并将自己的这种爱好传给了家中的孩子们。

广州夏天的日照时间很长，即使到了傍晚，天还是很亮，容家父子可以有充裕的时间尽情地玩波。容宝琛教孩子们踢球，仅是希望他们玩得开心，同时锻炼身体，丝毫没有要培养他们成为运动员的想法。

容宝琛有四个儿子，容志行排行第二。容宝琛将四个儿子姓名中间的字作了编排：立、志、定、坚。

原来，1948年夏天，容宝琛在回国省亲后再度出国。7月30日，容宝琛的太太在一艘由中国开往印度的客轮上生下了一个男孩。因为是在大海上出生的，所以男孩的父母就给他起了个名字叫“容海生”。很显然，父母叫他作“海生”，是希望他像海鸥一样不畏暴风雨，勇敢、坚强。后来，容海生改名为容志行。

“志行，就是做人要‘志’在必‘行’！”被叫作“容志行”的男孩也很喜欢这个新的名字，因为它寄托了父母对自己新的期望。

1957年，为了让家庭有更好的未来，容宝琛决定搬离周家巷，搬到广州的“河南”（指珠江南岸的海珠区）。

家里的大人要搬家，作为小孩的容志行自然没有什么发言权。他只是有点依依不舍，他舍不得中山纪念堂前那片平整的空地，那个在他梦中也会蹦蹦跳跳的足球……在这片沃土中，容志行的足球梦像一株小草般汲取了充足的阳光雨露，在健康地抽枝发芽。

容宝琛毕竟不是专业的足球运动员，但作为一个有一定足球基础的足球爱好者，他还是教会了容志行一些足球的基本脚法，像传、停、射等技术。容志行学会了一些足球的脚法，对球性变得越来越熟悉了，球感也很好。

容宝琛可以说是容志行的足球启蒙教练，但让容宝琛意外的是，容志行自己却找到了另外一位影响终身的伟大教练，那位“教练”的名字就叫作“热爱”。

热爱是最好的老师。爱上了足球的容志行，虽然告别了中山纪念堂前的那个“球场”，但他永远告别不了足球梦。因为，足球已经融入了他的生命之中。

>> 容宝琛可以说是容志行的足球启蒙教练，但让容宝琛意外的是，容志行自己却找到了另外一位影响终身的伟大教练，那位“教练”的名字就叫作“热爱”。

2 打遍牛奶厂街无敌手

容家搬到“河南”的牛奶厂街宝山里七号二楼（在广州海珠区同福中路），安定下来后，1957年秋天，容志行被父母安排入读广州市海珠区宝贤大街小学三年级。

宝贤大街小学邻近宝岗体育场，校内也有宽阔的运动场地。学校素来重视学生的德、智、体全面发展，是广州的一所体育名校。

对这位从越秀山下的清泉街小学转来的新同学，班上的同学们印象太深刻了：他有着瘦小的身材，穿一件翻领汗衫，着枣红色的短裤，和大家一样光着脚板，与众不同的是他斜背着的书包里装着一个圆溜溜的东西——足球。

一下课，男同学们就围住了容志行——因为他有足球！

对男孩子来说，足球从来都是恩物。

“我们去踢波吧！”容志行慷慨地拿出足球，对同学们说。

“好啊！”大家一拥而上来抢容志行的足球。

…………

只一瞬，以足球为媒介，容志行和同学们变得亲密无间，他们不仅是他的新同学，还是小波友。

每天课前、课后，甚至课间休息的十分钟，容志行和班里一群小波友便冲到学校的操场、通道或者学校附近的街道上踢球。

他们以猜拳的方式分成两队，把篮球架的两根支柱或者两个书包当作球门，各据一方大战起来。有时人数太多，便分成几队，用“打擂台”的方式，胜者留下，败者退场。常常要踢到上课铃响或者天黑了，才约定以后再战。

★ 容志行与宝岗体校的小伙伴（后排右二为容志行）

>> 宝岗体育场：建于1952年，位于广州市海珠区宝岗大道。在宝岗体育场内的海珠区业余体校创办于1957年，50多年来源源不断地为各级国家队及省、市、各高校输送了大量德才兼备的优秀体育人才。特别是其所开的足球班更是培养了容志行、赵达裕、古广明、吴伟安等蜚声足坛的球星。

>> 容定行（1949年12月1日—2012年6月12日）：12岁学围棋，旋即脱颖而出，曾获广东省、广州市围棋锦标赛冠军，首届广州围棋“棋王”等称号。“文革”前曾代表广东省参加全国少儿围棋邀请赛，比赛中战胜聂卫平。

>> 容坚行：围棋专业五段、围棋高级教练。曾任广东棋队领队兼教练组长、国家围棋集训队少年队教练、中国棋院象棋部主任。现任广州棋院院长、广东棋文化促进会会长。

容志行和同学们踢球，难免会有“脚头无灵”（指脚法不佳、踢球不准）的时候，像有时会把球踢到路人的身上，在人家洁净的衣服上面留下一个脏兮兮的大“波饼”（指足球印），常常招来一顿臭骂，但最让他们害怕的是射破课室或者民居的玻璃窗。玻璃粉碎的声音很吓人，闯了祸的小波友们通常抱起球拿上衣物就逃去无踪……

为此，容志行他们常常被班主任训话。

虽然如此，但容志行他们无改对足球的着迷，懂事的他们也自觉地到远离有玻璃窗的地方踢球，而且更加刻苦地练习技术，希望“脚头有灵”。

在新的学校，一开始，容志行的两个弟弟容定行和容坚行也跟他一般迷上足球。可后来，两个弟弟受老师梁权威的启蒙，痴迷上了围棋。容家三兄弟互相影响，容志行把围棋当作另一种兴趣爱好，而容定行和容坚行也常到球场上去过把瘾。

经过无数场街头足球大战，容志行的球技鹤立鸡群。他盘球的技术特别好，射进的球数也多，在牛奶厂街一带已经鲜有敌手了。

到六年级时，容志行领军的班级足球队已经敢与比他们高出一头的青年工人比赛，还经常取胜。

一天晚上，容志行的母亲给他补鞋，容志行的父亲看见了便对他说："你每双鞋都是右脚的鞋头穿了个洞！如果你也能用左脚踢球，而且两脚多些用脚的内侧、外侧来踢，那么你的鞋就不会才穿一个月就踢坏了。这样，球鞋可以用一年甚至更长的时间，还能练成左右开弓的本领。"

球鞋易踢烂，容志行固然心疼，但容志行想得更多的是父亲说的左右开弓。他的习惯用脚是右脚，盘球、带球、射门都已经很纯熟了，但左脚却不够熟练。"如果左脚也能够像右脚那样纯熟地盘球、带球、射门，我的威力不是加倍了吗？"这么一想，容志行找到了新的动力。

那时，宝贤大街小学被确定为广州市的体育重点小学，学校里的宣传栏张贴着一幅体育宣传画。容国团1959年为新中国夺得第一个世界冠军时手捧奖杯的照片和画着陈镜开、戚烈云、郑凤荣、黄强辉四个世界纪录创造者的光辉形象常常吸引容志行关注的目光。"体育能为国争光！我要踢好球，希望将来也像这些名将一样为国争光。"

容志行渴望能与更高水平的对手比赛，他听说宝岗体育场里面有一些很会踢球的人，便经常去那里找人比试比试。

在宝岗体育场踢球的人很多是比容志行大的男孩，他们的身体素质比容志行强多了。一开始，容志行还有点不适应大男孩们对自己的抢截，但这种以小打大的比赛，慢慢培养了容志行不怕苦的精神、不怕对抗的勇气。"别人都说我天生是块踢球的料。这话没说错。作为一个小男子汉，就该踢球！只要往场上一站，那对抗、那竞争、那拼搏，躲都躲不开。怕这怕那是上不了足球场的，偷奸耍滑是上不了足球场的……"容志行喜欢上这种有质量的比拼，他享受着足球让人着魔的特点。

容志行也了解自身的不足，力量不够强，速度不够快，为了能留在足球场，他只能在球技上超过别人。对手虽然也有不地道的地方——不踢球，成心踢人，但对犯规现象是由球例来管束、由裁判来管的。

有时候，容志行还是会被对手用杀伤战术故意踢倒。碰到这种事，他也不与对手争吵，只是在心里想：这家伙没出息！

决心做一个有出息男子汉的容志行为了不被对手踢倒，更加努力苦练球技。

很快，容志行便成为宝岗体育场里的足球场上的小明星。

>> 容志行也了解自身的不足，像力量不够强，像速度不够快，为了能留在足球场，他只能在球技上超过别人。

3 喜遇伯乐

一天傍晚下课后，容志行又来到宝岗体育场。

宝岗体育场的足球场要等业余体校足球班的学生训练完了，才对外人开放。因为来这里踢球的人很多，如果迟了，通常就没法子“霸场”（指抢先得到场地）了。

终于等到有场地踢球了，容志行自然十分兴奋，他迫不及待地冲到球场上驰骋起来。

踢了一会儿球，忽然，有一位教练模样的人把容志行叫出了球场。

他诚恳地凝视着容志行，然后亲切地询问容志行叫什么名字，在哪间学校读书，读几年级了……

容志行见眼前这个大人不像是坏人，便一一作答。

交谈中，那个大人得知容志行就住在附近的牛奶厂街宝山里七号二楼，这学期才搬来，是父亲教他踢球的。他思考了一下，语气沉着地问容志行：“你愿意进业余体校练足球吗？”

“进业余体校练足球？”容志行狐疑地抬起头，望着那个大人。

那个大人略微严肃地点点头。

原来，这个大人是宝岗体育场业余体校足球班的教练卢柱健。下班前，他看到一群孩子在踢球，也许是职业敏感，他发现场上有个男孩子很“好波”，便站在场边观战。那个最瘦小的人引起了他的注意。卢教练发现这个小孩特别机灵，他盘球和过人动作连贯，表现抢眼，球一到他脚下，对方三四个人来抢就是抢不走。他带球时还善于用身体护球，所以很少会被对手抢到球。他还会“通坑渠”（将球从对手的两腿间踢过去并能控制住球，即“穿裆球”）。他的速度不是很快，却很会掌握时机：明明要

★20世纪80年代，省人民体育场的少年足球班

对脚，他却轻轻一垫；被两人夹击，他会180度突然转体，异常灵活。他的技术比较熟练，不少身材比他高大的对手都奈何不了他。教练即时觉得这小男孩很有足球天赋，便找他聊聊。

“我当然愿意进业余体校练足球啦！”容志行的家离宝岗体育场直线距离才30米，能就近参加体校培训，容志行高兴极了，他那双晶莹有神的黑眼睛充满感激。

1957年的秋天，容志行成了宝岗体育场业余体校儿童足球班的学生，卢柱健成了他的教练。

广州历来是一个注重足球运动的城市。自1956年起，广州开始建立青少年业余体校，广州市的体育管理者选派了足球名宿叶北华、莫七、李锦根、李文俊、卢柱健等人

>> 杨霏荪（1936—2013）：广东梅县人。司职左前锋的杨霏荪速度快、意识好，与程洪森并称为“两翼齐飞”，可谓广东足球“南派”风格雏形的体现者，为中国足坛一代名将。

>> 关辉舫（1935—2003）：20世纪五六十年代广东足球名将，绰号“钢条”，为“南派”足球技术的领军者。后任广州市西村工人体育场业余体育学校校长，为足坛名将古广明等人的导师。

>> 黄福孝：绰号“乌嘴狗”，

到业余体校足球班任教。业余体校实行教练、计划、场地、器材、时间五“固定”。

卢柱健教练是踢小型足球（指七人制足球）出身的，曾经是广州市代表队的队员。他很“细粒”（指矮小），足球界的人都称他作“健仔”。他虽然身材不高大，但有着极为娴熟的脚法。他曾经在一次比赛中运用推、拉、搓、拨等控球技巧连续盘过七人然后打入对方空门，引起观众惊叹，从而赢得了“扭波（盘球）大王”的称号。

训练时，卢教练也和队员们一起踢球，他每盘过一个对手就哼一个音阶：“哆”“来”“咪”“发”“嗦”“拉”……他像轻风一般，用杂耍般的过人技巧，灵巧地“闪”过来抢他的球的队员。入足球班前，容志行也很会“扭波”，但自从看过教练的“扭波”，他觉得自己的所谓技术根本算不了什么。

卢柱健教练虽然才比容志行大14岁，但已经参加过全国足球教练员训练班，跟当时的足球强国匈牙利的专家学习过，懂得踢足球要从小抓好基本功训练的重要性。

训练时，卢教练对队员们的技术要求很严格，推、拉、搓、拨……他一招一式地教给队员们。卢教练狠抓队员们踢球的基本功，容志行非常认真地学习。他明显地感觉到，以前自己踢的是“野球”，是凭感觉去踢球，现在跟教练学习的，才是正规、专业的足球技巧。

容志行的模仿力很强，又肯动脑子，在队友当中，他的进步特别快。不久，推、拉、搓、拨等技术他也能运用自如，常常能在人丛中盘球连过数人。

当时宝岗体育场的条件并不理想，煤渣跑道、泥地足球场，但能有固定的场地踢球，有教练教技术，容志行已经相当满足了。

宝岗体育场业余体校的生活丰富多彩，容志行在这里受到了良好的教育。

下雨天，卢教练一点架子也没有，和队员们一道在泥地里训练。有时，卢教练会拿出一块黑板，在上面画出足球场的样子，然后为容志行他们讲解足球规则和战术要领。当时流行的足球阵形“四二四”、过人时的“二过一”和“交叉掩护”、传球时突破对方防线的“直塞”以及防守时的策应和补位等等，容志行都听得特别认真。有理论，有实际，球才能踢得更好，他非常明白这个道理。

休息时，卢教练也爱给队员们讲足球故事，像20世纪20年代中国足球队到柏林参加奥运会，路过伦敦时要比赛一场，当地的记者听到消息后竟惊异地问：“中国人会踢球？还敢远征大英足球王国？”当地的报纸虽然刊登了比赛的消息，却配上一幅丑化中国人的漫画：四周坐满观众的球场，一个穿着长衫马褂、戴瓜皮帽的人，左手捧着一个皮球，右手扛着一支鸦片烟枪，呆头呆脑地走向球场中央，后面跟着一队赤着膊、穿着“灯笼裤”、腰系布带、头缠发辫的瘦小个子……

卢教练越说越激动，最后他攥紧拳头说：“今天，中国人民站起来了。我们要刻苦锻炼，赶上世界水平，以优异的成绩让世人知道，中国人再不是东亚病夫！”

容志行听了这些故事，心中暗下决心，要练好技术，将来争取机会为国争光。

当时，广州经常举办一些足球比赛，而许多比赛都安排在广州市最大的体育场——越秀山体育场举行。

每当有精彩足球比赛，容志行和他的队友都会兴奋起来，因为卢教练会带他们去外面见识见识高水平的比赛。有时，卢教练还会安排小队员做球童，近距离观赏比赛。

他们通常是从珠江南岸步行到北岸的越秀山。虽然要徒步走一个多小时，但容志行他们从不以此为苦，因为他们有机会近距离观摩当时广东最出色的足球运动员比赛：杨霏荪的凌空射门绝技，关辉舫、黄福孝的过人和传球，廖德营的穿插扯动，程洪森的底线传中。这五位足球运动员技术精湛，号称“广东足球五虎将”，熟悉技战术的卢教练在一边看他们踢球，一边给容志行等队员们做精彩的讲解。

体校还要求队员们积极参加社会工作。体育场举行公开足球比赛，卢教练会带着他们用白灰给足球场画场地的界线，并协助做好收门券等工作。遇到有基层单位举行足球比赛时，卢教练还鼓励容志行他们去义务当裁判。平时在训练之余，卢教练组织队员们与其他体校或者学校的足球队进行友谊比赛。寒暑假，卢教练更带着他们到广州市附近的市、县比赛。为了省点钱，他们一般借宿在学校里，晚上拼起书桌做床睡觉……集体生活，培养了容志行的团队精神，也锻炼了他的吃苦精神。

宝岗体育场业余体校足球队在卢教练和队员的努力

>> 黄福孝：广东足球名将，司职前卫，擅长过人和传球，组织能力极强，曾被评为1962年的优秀足球运动员。球迷将他和另一名将关辉舫并称为“关黄”。退役之后，黄福孝在20世纪70年代当过广东队的助理教练，1983年任第一届广东女子足球队主教练。

>> 廖德营：20世纪五六十年代广东足球队的名将，主踢左内锋，擅长穿插扯动、捕捉战机。退役后，他从事摄影工作，是国际足联指定的摄影师之一。他的摄影作品获得过许多国际及国内的大奖。

>> 程洪森：原籍潮州，生于中国香港，自幼酷爱足球的他于新中国成立后返广州入读华南师院附中，于1956年加入广州队。司职右边锋的程洪森带球突破速度快，门前意识好，是广东队20世纪五六十年代的主力，帮助广东足球队1960年夺得全国锦标赛亚军，并曾入选国家队。

第二章

PART 2

“用脑”踢球

容志行虽然身体条件不算好，但苦练球技，成为教练难以割舍的良材。会“用脑”踢球是最好的球技，“用脑”踢球成为容志行“善于战”的“注册商标”。

1 自信的『湿水手巾』

随着年龄的增大，容志行的身体并没有变得更加粗壮，与对手同场竞技时，他显得很瘦小。面对着许多比自己高大的对手，自己该如何更好地在绿茵场上立足？这是容志行日思夜想的问题。

当时，容志行的足球偶像是国家队的名将张宏根、张俊秀和当时广东队的一批明星球员。

一有空闲，容志行就琢磨起来：广东的几个足球名将身材也不是很高大啊！

出生在广州的黄福孝从小就对足球有着极高的天赋，因为家贫买不起球鞋的他少年时代就靠打赤脚磨炼球技。那时候每到下午3时多，黄福孝就和很多小朋友一起到沙面球场踢球，他的护球技术相当出众，一般两三个人很难把他脚下的球抢过来。黄福孝在1956年加入广州队，身披“9号”球衣为广州队征战联赛。在后来为广州队实现“冲甲”的过程中，黄福孝和关辉舫一起成为主要的得分手。

黄福孝身高不过1.67米，体重也只有58公斤，是当时广东队著名的“小个子前卫”。1959年第一届全运会，黄福孝与关辉舫两人配合默契，令国内多支劲旅无所适从。当时全运会的冠军——解放军队面对黄福孝的屡次突破无计可施，只好采取粗暴的犯规手段来遏制他……

踢足球，身体条件好固然有好处，但身体条件不佳的人也是能踢得出色的！黄福孝就是不唯身体论的典型！这位著名的“矮脚虎”的成功，给了容志行很多启发。

与黄福孝齐名的关辉舫也没有很好的身材，他甚至比黄福孝还要矮小，体重也只有57公斤！这是由于关辉舫自小家庭困难，缺乏营养，所以他的身材看上去相当消瘦。尽管身体条件不佳，但关辉舫从未放弃过对足球的热爱和

★容志行（左一）与广东队友

>> 与对手同场竞技时，他显得很瘦小。面对着许多比自己高大的对手，自己该如何更好地在绿茵场上立足？这是容志行日思夜想的问题。

追求，一有时间就到球场练球。因买不起球鞋，他不管是烈日酷暑还是天寒地冻都只能光着脚在圣心中学（现广州市第三中学）的沥青球场上磨炼脚下功夫。关辉舫年仅16岁时，就在当时一些重要的比赛中崛起。他在场上异常拼命，敢抢敢拼，因此观众给了他一个响当当的绰号——“钢条”。

1959年，首届全运会召开，关辉舫等名将领军的广东足球队以崭新的“南派”技术风格力压群雄，以不败战绩杀入决赛，从而确立了广东足球在全国的地位。在连续的征战中，关辉舫忍受了很大的痛苦。他在对辽宁队的比赛中负了伤。赛后，队医发现他的右脚背肿了起来，两天后，关辉舫忍着巨大的伤痛坚持上场打比赛。当胜券在握时，关辉舫已经头冒冷汗，痛得不能自已。他被换下后，经拍片检查，发现右脚已经有两条骨头断了。关辉舫正是以这种折不断的“钢条”精神，谱写了广东足球事业一曲可歌可泣的颂歌。

黄福孝、关辉舫等广东足球名将征战绿茵的传奇故事，给了容志行很多激励。尤其是好些“好波之人”，他们的身体条件都不是太好。他们能立足绿茵场，靠的是非凡的球技啊！

“我要向这些广东足球名将学习，也要发扬南方人小、快、灵的特点，凭技术立足球场！”容志行找到了自身发展的努力方向。

在很多人眼里，善于控球的容志行是一条“湿水手巾——靠扭”。他从小就很会“扭波”（指控球技术出众）。但在比赛中，如果“扭波”过多，不能合理地与队友配合，往往会贻误战机，优点变成了缺点。

喜欢思考的容志行很认真地分析自己“扭波”的问题，他认为善于控球是好事，因为可以吸引对手的防守。“如果控球、传球结合，效果一定更好！”容志行想。“湿水毛巾——靠扭”并不是缺点，因为可以吸引更多对手来防守，这样，自己的队友会有更多的空位。这时自己若能把球传给处在有利位置的队友，会更加有威胁。

明白了这种传、控、过人的关系，容志行更加自信了。不过，只要长时间控球在脚，必然会引来对手的抢截，甚至运用杀伤战术，容易引致受伤。

被人踢伤，很多球员会发火，甚至打骂报复对手，但容志行是不会以牙还牙“回敬”对手的。

谈到自己在赛场上的作风，容志行很淡然：“我感谢对手的逼抢，甚至是一些犯规动作，为什么？他们越是抢，我就越得努力让他们抢不着，就得练习技术和脚法，所以正是因为有了逼抢才有了娴熟的技术。”

容志行走路时双脚板都明显内弯，这种“内八字”是他平时苦练控球的结果。

2006年11月26日，在一次广州足球元老的聚会上，容志行就拿名将赵达裕开起了玩笑：“想当初足球圈内有个人，身高算上鞋钉也才1.65米，照样也是踢球踢得好。”

赵达裕当年在艰苦的环境下苦练球技，最终出人头地，其中的经历都为广州足球元老们熟知。

容志行是踢球不唯身材论的人，他感慨广州足球之所以有过辉煌的年代，与当年的球员刻苦努力是分不开的。他认为要振兴“南派”足球，广州球员在身体不占优势的情况下，得靠出色的技术。

身材不足，用脑补救。会“用脑”踢球——容志行给人留下了深刻的印象。

>> 赵达裕：1961年生于广州，身高只有1.62米，是中国著名的足球运动员。他技术全面，脚法细腻，善于组织进攻。足球生涯颇为坎坷，曾经三进三出国家队。1984年第八届亚洲杯获亚军、最佳射手奖（预赛）。1988年退役，曾任广州三队教练。

2 『识走位』考入二沙头业余体校

容志行在宝岗业余体校的足球队训练了五年。其间，在1960年左右，卢柱健教练去了香港定居，容志行和小队员们的训练也就没有以前的正常了。

1962年的秋天，容志行听说二沙头业余体校（即广州第三业余体校）的足球重点班招生，已经14岁的他渴望在更大的绿茵舞台发挥自己的足球才能，便和队友们前去报考。

二沙头业余体校是一所重点体校，有相当正规的草地足球场，配备了在省、市都颇有名气的教练，还会发给学员营养补助费、交通费和球衣、球鞋。

报考二沙头业余体校的人很多，竞争也很激烈。

考试那天，二沙头业余体校的足球场来了一大群男孩，他们叽叽喳喳，场面热闹无比。

应试的学生虽然很多，但难不倒主考的教练。经验丰富的主考教练只想考一下考生的基本功——每个人带一下球，然后射门。

盘带球、射门，虽然看似很简单的足球技术，却是可以考查考生的控球能力；两个动作一齐连着来做，则可以看出考生的动作协调性的优劣。见多识广的主考教练非常相信自己的眼光，因为会踢球的人，只要你一出脚，便知道有没有能力了。

这一盘带、一射门，也就是短短的两三秒钟，竟然就是“生”与“死”的考验！一向以技术见长的容志行也忽然紧张了起来，因为在他生命的演奏会上，这是一个绝对陌生的节目。

容志行从未经历过这种“一脚定生死”的场面，听到主考教练叫他的名字时，整个人都紧张得不得了。他用脚

拨了几下足球，然后追上向前滚动的足球拔腿就要射门，但那个足球在他射球的瞬间被草头垫高了，他的脚触球的位置突然生变，所以球就不听话地射高了……

>> 容志行从未经历过这种“一脚定生死”的场面，听到主考教练叫他的名字时，整个人都紧张得不得了。

主考教练摇了摇头，在报名表上“容志行”的名字后面标注了个“淘汰”的符号。

过了几天，容志行和小队友们一齐去二沙头业余体校看榜。当看到复试的名单中没有自己的名字，容志行很失望。以往在宝岗体校踢惯了沙地，那次考试是在不平整的草地进行，他一时间没能适应，所以没表现好。他觉得那不是自己真实的水平，决定再去试场看看有没有补救的机会。

复试那天，容志行跟着有资格参加复试的队友一同坐船来到二沙头试场。

岛上看门的人一个一个检查来复试者的名字。

“你叫什么名字？”主考教练问容志行。

“周金泉。”容志行大声回答。

容志行冒用了一个参加复试的队友的名字，看门人低头看了看手中的表格，见上面有“周金泉”，便一挥手，让这个“周金泉”参加复试。

“哇！我可以复试了！我有得发挥了！”容志行心中狂喜。二沙头上的一些师兄见到容志行来，便积极向主教练推荐他，说容志行很有潜力。教练便让容志行参加复试。

这次复试是在一个篮球场进行，而这个场地是容志行最熟悉的沙地！

复试的内容，不像上次那般只是带球、射门那么简单，而是采取三对三的比赛形式，通过比赛，全面考查考生的足球意识、脚下功夫。有备而来的容志行见机会难得，便使出浑身解数展示了自己的球技，因为表现出色，他竟然顺利过关了！

复试后，原先粗心的主考教练忽然细心起来，才发现多出了“容志行”这个考生。如果按常规做，教练肯定要裁掉容志行的。但教练非常欣赏“识走位”来“复试”的容志行的足球天赋，更加欣赏他身上那种强烈的取胜欲望。他不想再次看走了眼，让容志行这个足球人才“走宝”（指“流失”），便破例吸收了他。

容志行很感激爱才而宽容自己的主考教练，他及时抓住这个千载难逢的机会，跌跌撞撞地走进了市的重点体校。

在二沙头业余体校担任教练的是李锦根，这位李教练的脚法非常好，很欣赏技术好的容志行。李锦根跟卢柱健很熟悉，他一看到容志行踢球的脚法，便指着容志行说：“健仔带过你，你踢的是健仔的波！”有赏识自己的教练教，容志行学习得非常认真。

3 难以舍弃的足球良材

1964年的一天，容志行来到广州市西村工人体育场，参加广州市工人足球队选拔队员的测试。

容志行竭尽全力全速跑完100米，选拔小组的教练看了，摇了摇头：他的速度太慢了。

容志行接着奋力跑完30米，选拔小组的教练看了，又摇了摇头：他的起动速度太慢了。

容志行做完立定跳远，选拔小组的教练看了，还是摇了摇头：他的弹跳力太差了。

…………

容志行的身体素质实在太差，一点也没有优秀足球运动员该有的基本身体条件。教练有点困惑地看着他。

那年的容志行才16岁，他的身高只有1.62米，体重仅有82斤，瘦小得风大一点都能吹起来。

当时，容志行初中还没有读完，就通过考试进入了广州机床厂当工人。刚拿到工厂的出入证不久，容志行便听到广州市工人足球队要组建的消息。他在佛山打完比赛之后，立即坐公交车回广州，一脸兴奋地前来报考。

有些教练看了容志行的数据大摇其头：100米才跑了15.1秒，这速度太慢了，连一个同龄的普通女孩子都跑得比他快！

所幸的是测验项目中还有分组比赛。看到西村工人体育场也是沙地，容志行心中暗喜：我又可以在熟悉的场地大显身手了！

这次来考试的人很多，其中有很多都是工人大佬。容志行可不管你是谁，在分组比赛中，他运着球，见对手就过，自己有机会射门就射，没机会就传给队友……他的带球技巧相当的熟练。“哇，这个靓仔（指小孩）好好波，

★ 喜欢阅读让容志行头脑灵活，会“用脑子踢球”是他善于战的特点

掂（还可以的意思）啊！”场边的教练们眼前一亮。

容志行虽然才16岁，在大人面前还是个小孩子，但是他有着10年以上的球龄了，从小就爱扭波的他扭得对手都晕了也抢不到他的球。他全面的足球意识、纯熟的脚法让教练们很意外，十分惊喜。

从外表看，容志行并不是一个优秀运动员的“料”，但他的足球技术又让人难以割舍。教练们犯难了。

当时，在教练中有两种看法——

一种是：“容志行这种身体素质，以后很难成才。”

另一种是：“容志行的足球技术、意识、比赛态度，各方面都很出众，和其他人比较，他的特点非常突出。”

后来，教练们统一了意见，就是先留下技术出众的容志行。他身体条件不佳，因为他年纪尚小，看看将来能不能“谷”（即“催谷”，有促进其增长的意思）大他。

就这样，容志行幸运地留了下来。

>> 事实上，容志行也明白凭自己那时的身体素质和技术状况是难以打得上主力的。

身体条件不佳，容志行并不想如此。他也希望自己长得高高大大的，可家里穷啊，他经常是吃不饱就去踢球，在同龄人中是最瘦小的一个。

容家主要靠父亲的工资来维持生活，经济比较拮据。父母为了支持容志行能够坚持足球训练，节衣缩食，尽量让他多吃。但那时粮食不够，容志行也吃得不多，在他长身体的年纪，他经常半饥半饱，身体自然长得十分瘦小了。容志行参加广州市工人足球队后，队内的营养条件大为改善，他的个子长高了。可毕竟错过了长身体的最好时期，他再也无法长成身壮力强的大个子。

容志行入队时年纪比别人小，有人便说闲话了：“像他这样又瘦又小、只会带两下球的球员，打小型球还勉强可以，打大型球（指11人制足球）是难成气候的。”

在一些比赛中，虽然容志行技术很好，但对手也找到制服他的武器，就是运用合理冲撞。只要容志行和对手一撞，身轻如燕的他便弹飞了出去。教练们都清楚，如果容志行没有强壮的身体做保证，再好的技术也是没有用的。有教练取笑容志行说：“打比赛时，得将两个哑铃绑在你的腰上增加重量才行。”不然，他怎么能和对手对抗啊！

事实上，容志行也明白凭自己那时的身体素质和技术状况是难以打得上主力的。

不想坐冷板凳，出路就是两个字：苦练！

容志行自然不想被别人睇死（即看不起），他决心通过锻炼，“炼”出一个强壮的容志行来。节假日，别人都去休息了，容志行都是在举重房度过的。他光着膀子举着沉重的杠铃不断地下蹲、挺立，又躺在板凳上练卧推……

挥汗如雨地练举重，容志行的体格健壮了许多。他的腿变粗了，腿力特别大，比赛时能踢出让守门员胆寒的劲射。而他的手臂也隆起一块块的肌肉来，在比赛中和对手相撞，也不会像以前那样轻易被撞飞。

容志行的这些变化，得益于广州工人队的训练。入队后，容志行的生活更加有规律了，营养又得到保证。他欣喜地看着自己的身体在快速改变：身高从1.62米变成1.64米，1.66米，1.68米……后来一直升到1.72米；而体重，也从82斤一直升到90多斤。1970年容志行入国家队后，由于训练更有水平，营养又得到更多的保证，他的身体素质越来越好，体重最高时曾有128—132斤。容志行变得有点肌肉了，关键是有力量。他的力量最好时，深蹲举重能达到120公斤，卧推举重达到90公斤。

容志行的速度也快了，他在国家队测得30米跑的数据为4秒，比以前跑5.1秒快得多了。且耐速也不错，持续10次30米跑，他每次都保持在4秒，速度比较稳定。

体能上的变化，更加有助于容志行在比赛上技术的发挥。

但在比赛中，容志行发现，再多的力量练习自己也不会变成令人望而生畏的“猛张飞”。与别人比身体，不是以己之短，比他人之长吗？多不明智啊！

力量固然要继续加强，但更重要的还是要练习“用脑”踢球。容志行在“巧”字上下功夫，通过多跑快传快过人、摆脱接球，只要占据有利位置，就不怕对手的冲撞。这样，自己身材瘦小的弱点就显得不那么突出了。

力量的练习使得容志行经得起激烈的对抗，会预判对手的动作、球的运动轨迹等，也让容志行踢球时显得从容，他那绝对速度慢的弱点也不明显了。人们看到一个潇洒、自信的容志行出现在绿茵场上了。

这是拥有上进心和恒心的容志行坚持不懈、自我强化的结果。

随着越来越多的实战，容志行细心观察和认真总结，提高对场上变化的预见性，他逐步从擅长打小型球过渡到习惯打大型球了。他的视野变得开阔，能审时度势，成为球队取胜的关键人物。

入队很多年以后，容志行已经在球队打出了名堂，是个小有名气的球星了。有一次，容志行帮冯荣灿教练理发，冯教练很喜欢这个聪明懂事的队员，一高兴便对他说：“哇，当时我们差点漏了选你这个球星呢！”

对自己为什么能留下来，容志行其实也不清楚，所以他很有兴趣地听冯教练说过去的故事。原来，有些教练对身体条件不理想的容志行并不看好，但又有些教练欣赏他的技术。最终，是李文俊教练拍板要给容志行机会，让他留下来的。

容志行这样的身体素质太平常了，一般来说是很难培养成一名优秀的足球运动员的，但李文俊教练指出："容志行的身体条件是差一点，但他的基本功比较扎实，训练和比赛中有股虎劲，具有运动员的气质，完全可以弥补他的不足。"

"原来是李文俊教练给我机会！"容志行明白了真相之后，很感慨。在他的足球生涯中，就是靠像卢柱健、李文俊等伯乐，才有自己成才的机会，所以他对教过自己的教练都心存感激。

>> 力量的练习使得容志行经得起激烈的对抗，会预判对手的动作、球的运动轨迹等，也让容志行踢球时显得从容，他那绝对速度慢的弱点也不明显了。

对如何根据自身的身体特点去踢球，容志行是有很清醒的认识的。

在容志行退役不久的20世纪80年代，有一次，著名的散文家秦牧采访容志行："你能够达到现在这样的水平，是不是由于你的素质特别好呢？"

"不！"容志行斩钉截铁地回答道，"我起初被选拔到广州市工人足球队训练的时候，身体素质在同伴中可以说是相当差的。那时我的体重才82斤，身高1.62米，跑100米的时间是15.1秒，跑30米是5.2秒，立定跳远才1.95米，比起许多同伴来说都差得很远。经过多年以后，我现在的体重才是132斤，跑100米12秒，立定跳远2.70米，仍然比不上许多快速的好手。所以，我说，我的起点是相当差的。"

已经是著名足球运动员的容志行给出这样的答案，让人相当意外。

容志行解释道："我想，可能是我比较多用脑筋。而且，我从小就爱找强手比赛，比较不畏困难。小时候，我常常一星期就踢坏一双球鞋。"

容志行之所以能成为让对手胆寒的球场杀手，是他从小就苦练加巧练的结果啊。

第三章
PART 3

不怕辛苦的“球痴”

容志行从小便迷上踢足球。虽然容志行的父亲没有给他传授过什么高超技术，但是却把这个未来的球星带进了足球运动的门槛。在体校的足球队，容志行遇到了很好的教练。他先学做人，再学技术，无论球品、人品都打下了很好的基础。

1 没有比赛的日子

在广州市工人足球队打出名堂的容志行，受到了广州足球界的关注，1966年年初，容志行被广州队的林效才教练招到麾下。

新中国成立后，广州的足球有了很大的发展，但跟国内的其他省市相比，广州的足球成绩并不是很好。

1958年年初，广州市体委人事科科长常荣出任广州体院竞技指导科足球队领队。他与“广州体院”（有时又称“广州市足球队”）的郑德耀教练取得共识：队伍水平时起时落，并非技不如人，症结在于队员的身体素质差、斗志差、技术动作慢。针对这“两差一慢”的弱点，郑德耀采取了有针对性的训练方法。他根据各队员的特点采取对策，全队排出四二四或者四三三阵式，练出了一套右路短传突破、左路包抄射门的进攻战术。

1964年4月14日，国家体委下达《关于大力开展足球运动，迅速提高技术水平的决定》，广州市和梅县被列为全国十大足球重点城市（地区）。为落实文件精神，副省长曾生亲自深入球队，加强思想政治工作，关心队员生活。当年夏训，广东的足球队针对队员体能存在的问题，贯彻“三从一大”（从难、从严、从实战出发，进行大运动量训练）训练原则，每天训练超过5个小时，队员的体力终于有了较大的提高。

容志行经历了“三从一大”的洗礼，他的身体素质和意志有了很大的提高，而讲求技术的“南派”打法则为像容志行这种技巧型的球员找到了发挥的空间。

容志行加入广州队，受到了林效才、胡鸿斌、杨霏荪教练的指导。这几位教练做球员时都有着精湛的足球技术，他们认同郑德耀教练倡导的“南派”打法，这为容志

★ 容志行（左一）和他的亲密战友

行提供了施展才华的舞台。

1966年5月，容志行随广州队到厦门参加全国乙级足球联赛第一阶段的比赛。在比赛中，广州队的成绩优异，获得了前四名的半决赛权。可惜，不久后“文化大革命”开始，全国足球乙级联赛的第二阶段未能举行，广州队不但没有升上甲级，后来连队伍也被解散了。

这时的容志行刚好18岁，正是他的思想和技术水平处于上升的阶段，他正准备大展拳脚，没想到遇上了没有比赛的“奇遇”。

说实在的，容志行并不清楚这种没有比赛的日子要到什么时候才能结束，他更加不知道解散了的足球队何时才可以重新组建。但他没有放弃踢球，因为足球是他的挚

>> 郑德耀：1924年出生，原籍浙江慈溪，幼居上海。身高1.69米，体重66公斤。著名足球运动员、教练员。主要踢右后卫，善于拼抢，判断正确，铲球果断，责任心强。1956年任广州市队教练。他在广东省25年，培养出大批优秀选手。2009年，郑德耀被评为“广东足球60年终身荣誉奖”。

>> 林效才：1936年出生，广东足球名将。1953年代表广州市五中击败市西区队，引起社会关注。后来进入广东青年队，参加第一届全运会。1965年出任广州队教练。1978年再度执教广州队。曾任广州市足协副主席兼办公室主任，带出容志行、谢志光等足球名将，对发展广州市足球运动有杰出的贡献。

爱。“我的生活怎能没有足球呢？”容志行对足球难以忘怀。

广州队解散后，教练已经“靠边站”，球场上也长满了荒草。

容志行对周围事物充满混乱的感觉，甚至找不到自己在社会里存在的价值，他与自身的这些感觉作着本能的反抗，但无论怎么努力，总是摆脱不了被社会同化的困惑。

容志行不甘心就这样无声无息地离开绿茵场。“但我们的技术不能荒废啊！”没有教练指导，容志行就自己制订计划，和几个志同道合的队友一起训练。

容志行坚持每天出早操，下午做有球训练。有时队友没来，他就把两个弟弟找来当对手，利用篮球场练起来。弟弟有时没空闲来陪容志行练习，他就一个人对着射门墙，左一脚、右一脚地练射门。有时在参加“学习班”的空余时间，容志行也会和球友们在空地上玩“捉老鼠”（一种足球游戏），锻炼控球、传球的基本脚法。

2 百里奔驰为踢球

1969年3月，容志行被送到离广东省三水县（今三水市）城十多公里的南边“五•七”干校去“脱胎换骨”。

“文革”的大风暴已经刮了一阵子，它席卷全国每一个角落，现在刮到容志行的身上了。

这时候，球队没有了，比赛也没有了，最让容志行难受的是，像和球友玩玩“捉老鼠”这种过过脚瘾的活动也无法进行了。

去到干校，容志行见到许多自己敬重的教练，原来他们也被送到这里进行改造学习。

连教练员都无法工作，运动员自然被拆散得七零八落，容志行当然不能幸免。虽然自己很想练好球，却没了踢的机会，他很不甘心，但时代大潮如此，也不是他个人可以抗拒的。

容志行在干校安顿下来后，足球教练冼迪雄等人见到他，都很痛心。这么一个属于当打之年的好球员竟然被迫放下自己的技术活！在平时的闲聊中，他们暗中鼓励容志行不要放弃训练。

容志行从这些名教练的眼中看到了他们对“足球不死”的信心，虽然不知体育事业的春天哪一天会来到，但如果自己荒废了足球技术，将来又怎么能在体坛中重放异彩？

干校周围只有农田，在这里自然没有可能踢球。容志行陷入痛苦的深渊。他记起大哥容立行曾经对他说过：“读书才有出息，踢球没有出息！”难道踢球真的没出息吗？容志行觉得，只有踢得不好才会没出息，但踢得好是一样有出息的。问题是现在没球踢啊！容志行曾经失望过，但他那种坚毅的性格和冒险精神终于使他克服了悲观

★ 球场上不停飞奔的身影

情绪。他强迫自己振作起来，要在这个远离广州的“荒岛”中生存下去。

作为一个运动员，体能如果不能天天坚持练，很快就会变差。著名的举重教练陈冠湖等人也很不忍心容志行这株足球苗子就此枯萎，他们主动帮忙自制器材，让容志行在劳动之余用作锻炼力量……

原来，在干校里，有那么多人仍然对体育事业雄心不息啊！他们的热心让喜欢踢球的容志行有一种“吾道不孤”的感觉。前辈们对后辈的理解和支持是有温度的，容志行心里感到暖暖的。他在心里告诉自己：即使困难再大，也要坚持练下去！

一个星期天的傍晚，在广州通往三水县的公路上，一个穿着运动服的小伙子飞快地蹬着自行车，匆匆赶路。他就是刚踢完一场小型足球赛的容志行，他必须赶回干校去，因为明天一早又要开工劳动了。

那时候，私自离开干校回广州踢球也是非法的。容志行能顺利回广州，跟待在干校的爱护他的教练员的帮助是分不开的。每当他偷偷溜回广州踢球的时候，教练们便为容志行打掩护：开饭时帮他打好饭留着；睡觉时就把他床上的蚊帐放下来，扮成有人睡觉的样子，以对付管理人员的巡查……

几乎每个星期天，容志行都偷偷回到广州踢球。

三水到广州来回有一百多公里，星期天的清早，容志行便骑上向朋友借来的自行车，沿着黄土公路，飞快地向广州的方向奔驰。到广州后，他就去球友的家里吃午饭，然后，一班爱球如命的球友便到广州各个场地，包括洪德、荔湾、宝岗、沙园、均益、广重、广船等球场和一些学校的操场参加比赛。

“文化大革命”期间，广州各地的业余体校被迫解散，中小学的足球活动也陷于停顿。分配到工厂的退役运动员和部分现役运动员不甘寂寞，私自组织了以单位为名称的足球队进行自发的比赛。当时比较有名的是“机电”“广船”“交运”“广州机床厂”“山鹰”“鱼雷”等足球队，他们常常在广州市的洪德、均益球场进行小型足球比赛。这些活动凝聚了一群足球的“发烧友”，当中不乏像容志行这样的足球好手。他们尽情地投入比赛，为日后重建广东足球队奠定了很好的基础。

那时候，广州市民的文化生活极度贫乏，当知道容志行他们在自发进行足球比赛时，人们便涌到球场，围观他们的比赛。

精力充沛的容志行自然比别人更加珍惜这些比赛，他从百里之外奔驰回广州，就是为了踢波啊！

容志行很认真对待每一场比赛，有时还一口气接连打两场小型足球比赛。

比赛完，已近傍晚。容志行饭也不吃便告别球友，飞身上了自行车，像踏风火轮一样使劲地猛蹬脚踏，向着三水的方向一路狂奔。他以每小时二十多公里的速度赶在天

>> 冼迪雄：1931年出生，9岁开始踢球，1952年进入西南军区战斗队，师从谭福祯，1955年被戴麟经选入“八一”队，1957—1964年入选国家队。1965年曾先后在广东青年队和广东队任主教练，率队获1978年、1979年全国青年联赛冠军。获第五届全运会亚军和第四届省港杯冠军，并曾五次率中国青年队、高中生队和中国二队出访亚、非、欧等地。曾任广东足球队总教练。

>> 苏永舜：1934年出生，广东番禺人（现广州市番禺区）。中国足球名宿、原中国国家男子足球队主教练。1959年、1973年担任广东足球队教练。1975年率广东队参加第三届全运会足球比赛，获得冠军。1979年率广东队参加全国甲级足球联赛获得冠军。1980年7月至1982年担任国家足球队主教练。20世纪80年代移居加拿大。

黑以前回到干校，以应付晚上的晚汇报。

第二天一早，容志行又得拖着疲累的身体去开工。一想到下星期又可以回广州踢球，他的心里便充满了憧憬。想到和球友较量的快乐，想到自己踢出“好波”会引来观众的惊叹，容志行心里便充满了快乐。

球友们都希望“好波”的容志行经常回广州踢球，而那些观众也期盼看到他在球场奔驰的身影——被人需要，也是一种幸福啊。

容志行尽量调适自己的身体，期盼着下一个星期天的来临，他又要骑自行车回广州踢球……

从三水到广州，来回光骑车就要花去四五个小时，只是为了踢一场自发的足球比赛，以保持训练的强度和比赛的感觉，而不致令脚法生疏。这需要消耗容志行多少体力，他又要有多么坚定的意志！更困难的是，在那个时期，这种活动是“非法”的，踢球、打比赛那是“白专”，是破坏“脱胎换骨”的“改造”，是违反纪律的。

是“热爱足球”让容志行突破了这一切的围追堵截，让他在一周繁重的体力劳动之后，仍然充满热情，不辞劳苦，奔波一百多里的路程回广州参加比赛、训练。

容志行每周日去广州打比赛，都是带着一定的训练目的前去的，而不仅仅是过过球瘾。他有时重点训练传球的技术，有时则改打后卫以锻炼自己在球场上的观察能力……这些来之不易的实战经历，让容志行收获满满。

在那个动荡的时代，许多人都茫然不知所措。即使在最艰苦的岁月，容志行仍然对生活充满了信心。他自信地过着艰苦的生活，依然对前途抱着希望，他像一条平稳的小船经受了种种动荡的考验，而让他平稳渡过风波的“镇舱石”就是他无比热爱的足球！

第四章
PART 4

一战成名

“文革”后，广州的足球运动复苏，重返绿茵场的容志行凭借对古巴队的一战成名，他扬长避短，踢出自己的风格，以自己独特的足球能力赢得教练、球迷的喜爱。

1 重返绿茵场

1969年7月，广东足球队重建，陈汉猋任教练，容志行被吸收到新的广东队。原广东队的一些队员因上了年纪退出，才20岁出头的容志行等新队员纷纷加入。

站在省队的队伍中，年轻的容志行充满了幸福感："自己在艰苦的环境下继续训练、参加自发组织的比赛，保持了不错的竞技状态，尽管很辛苦，但能够入省队，就是对自己所有的苦练最好的回报！"

当然，容志行知道自己能入选省队并不是易事，他很感谢一些了解他坚持不懈训练的足球教练的极力举荐，为此他才能幸运入选。

熟悉容志行的人都知道他的幸福不是躺出来的，而是靠闯出来的。

在"文革"球队停训、停赛的日子，容志行并不像一些球友那样对未来失去信心。他没有浪费自己的青春，对祖国的体育事业有着坚定的信念，在同道好友的支持下，他始终把握住自己的人生方向。经历了几年的波折和无限的艰辛，容志行的足球生命不但没有枯萎，反倒在他自行设计的特殊训练条件下，磨炼了强大的精神意志，提高了独立思考和场上的应变能力，技术更臻成熟。

容志行经过实践证明：再强化的力量练习，也无法将自己变成彪形大汉。在经常发生合理冲撞的足球比赛中，身材瘦小总是要吃点亏。容志行从不放弃力量训练，但更加坚定了要从"巧"字上下功夫。

慢，依然是容志行的弱点。他曾经花很多时间去练短跑。可练了一段时间，百米速度仍然提高不大，很难跑得过别人。容志行就想："我的特点并不是短跑速度快。硬要追求速度，反倒丢掉了自己的特点，恐怕不是好办法。你比我跑得快，我先跑几步，不也行吗？"

★ 1965年，容志行（第二排左三）与广东少年足球队队友在北京合影

容志行觉得准确预判更加重要：对手刚刚动腿，他就能够判断出球的方向和落点，预先就起动，比对方的球员更快提前赶到应该去的地方。他往往能比对手更快抢占有利位置和控制住足球。这样，容志行的弱点也就不弱了。他的这个特点，常常让对手意想不到从而出现失误。

1971年年初，亚洲足球劲旅朝鲜国家队在广州二沙头体育训练基地进行了一个多月的冬训。广东足球队主教练陈汉粦从朝鲜队的训练中得到启发。他制定了边上套路的训练法：将队员分作两队，用两只球，同时在纵向1／2球场“长条”区域进行攻防练习。由守门员将球发出，送给边卫，转交前卫，内锋拉边接到来球后传中，边锋反插射门，强调快速、密度和对抗性。通过实践，提高了训练强

>> 陈汉粦：1934年出生，20岁进入广州市队，1959年入选广东队，同年为广东队首次打上甲级队立下汗马功劳，次年更勇夺全国锦标赛亚军。1969年任广东队教练，1980年组建广东少年队，培养出谢育新、伍文兵、欧楚良等名将。1983年组建广东女子足球队，培养了吴伟英、陈霞、韦海英等巾帼英雄。

★ 1972年，容志行（第二排中）与广东队队友在广州著名的艳芳照相馆合影

度，收到较好的效果。

这种讲究技战术的踢法，非常适合以技术见长的容志行，所以他以无比的热情投入到训练中去。有时容志行还会利用星期日，约上一班球友自己去加练，以补平日训练的不足。

由于广州地处中国的“南大门”，独特的地理位置，也赋予了广东足球队一些特别的任务——接待外国友好国家的足球队，跟他们进行友谊比赛。

1959年11月2日，广东队迎战来访的阿尔及利亚国家队，当时该队有多名参加过世界杯赛的法国队战将。广东队不畏强敌，在先落后两球的情况下，下半场时连入3球，反以3∶2超前，可惜终场前30秒被对手扳成3∶3平。

1959年11月12日，瑞典的全国冠军尤哥登足球队来广州挑战广东队。客队排出最佳阵容，包括当年瑞典及欧洲的最佳中锋奥尔森也披甲上阵。结果，广东队以0∶0逼和这支世界职业足球劲旅。

广东足球队由此赢得“外战内行”的美誉。容志行对广东队的这些外战历史当然不陌生，如今，他已经是广东足球队的一员，他跃跃欲试，希望有机会上阵比赛，为中国、为广东足球争取荣誉。

2

让人眼前一亮的传球

1971年5月，古巴国家足球队来广州访问，比赛那天下午，容志行随着广东足球队来到越秀山体育场。

“越秀山体育场啊！”这个地方唤起了容志行许多的记忆。

多年前，容志行经常随体校的教练来这里看成年足球队比赛，他也曾作为业余少年足球队的队员在越秀山体育场的足球场比过赛。这个当时广州最大的体育场可以容纳3.8万人，比赛时如坐满观众，大家齐声呼叫，那真如山呼海啸般的威武壮观。“要是能上场比赛那有多好呀！我一定会尽力打好比赛！”作为年轻球员，容志行跃跃欲试，已经做好了上场的准备。

广东队对古巴队之战，是“文革”以来广州市举行的第一场国际足球比赛，关闭多年的广州市越秀山体育场潮水般涌进大批广州球迷。广州的球市已经“渴市”（指没有足球比赛）很久了，球迷们也“饿波”（指没看足球比赛）很长时间了，遇到国际足球比赛，个个难掩兴奋之情。那时，中国与外国联系不多，大家都不知道外国的足球水平究竟如何，都希望通过较量，看看广东队是什么水平。巨大的悬念在看台上观众的心中挂着，人们议论纷纷。

在拉丁美洲，古巴足球队的水平虽然排不上号，可是面对劫后重生的广东队，却如狼似虎，占尽中场优势。对手凭借着训练有素的体质和富有南美特色的技巧，一开始就发动狂攻，他们绵绵不绝的叠瓦式进攻压得广东队喘不过气来，开赛不久，古巴队便先入1球。

被对手拔得头筹，广东队的教练发现是中场失势。广东队如不加强中场的争夺，就无法改变挨打的局面。教练有意加强中场的实力，这个想法与首发出场的容志行想到一块儿了。

容志行运用熟练的控球技术和到位的传球，制服了古巴队高大前锋的突击，局面顿时改观。

出其不意的传球、稳定的控球……容志行秀丽的脚法让观众们眼前一亮，觉得这个年轻球员很“有料”，对广东队扳平甚至反胜充满了期望。

稳住中场之后，容志行频频向对方的禁区穿插扯动，在他拿手的穿针引线调度下，广东队的攻势有所改善。比赛中，容志行突然向对方门前传出一记漂亮的高吊球，埋伏在那里的队友候个正着，冲前一射中的，将比分扳平。

人们看见容志行不辱使命，让广东队扭转局势，个个兴奋地欢呼，希望广东队再接再厉，战胜对手。

临终场前，容志行带着球笔走龙蛇，以灵巧的运球摆脱了对方的密集防守。他突入对方禁区，用脚一扫，攻入1球。最终，广东队以2∶1赢得了这场国际比赛。

观众们欣喜若狂，为广东队冒出一名新球星而欢呼。“容志行”的名字开始在球迷们的口中相传。

容志行凭借摧城拔寨的真功夫一战成名后，自然成了记者追踪的目标。但容志行却回避谈自己，他谦虚地说：“一场球是11个人打的，我只是其中的一员，全靠老队员带着，请去采访他们吧！”

虽然容志行很谦虚，但对古巴队一战，成了他的“身价波”，他从此在广东队站稳了正选的位置。

对古巴队一役，容志行亲耳听到了许多球迷的津津乐道，使他更加认识到足球运动与祖国的荣誉休戚相关，与群众的生活息息相关，他的训练变得更自觉、更刻苦了。

通过和身材高大的外国球员比赛，容志行收到了用脑踢球的成效。容志行十分清楚自身的特点。他知道自己的身材不理想，就非常注意模仿教练员指导的动作，他仔细地揣摩，反复磨炼，也很注意培养自己的战术意识。在省队，他加强速度训练，但速度要达到很高水平，对他来说是不实际的。他主要还是靠动脑筋，用技术和战术意识去弥补自己的不足。

让球迷欣喜的是，容志行个子矮小、身材单薄，但往往能在大个子林立的强手面前显得毫无畏惧，泰然自若，他的这种气魄和胆略令人叹服。

虽然容志行很谦虚，不愿意多介绍自己的优点，但广州的球迷都很聪明，他们知

★ 容志行潇洒亮相

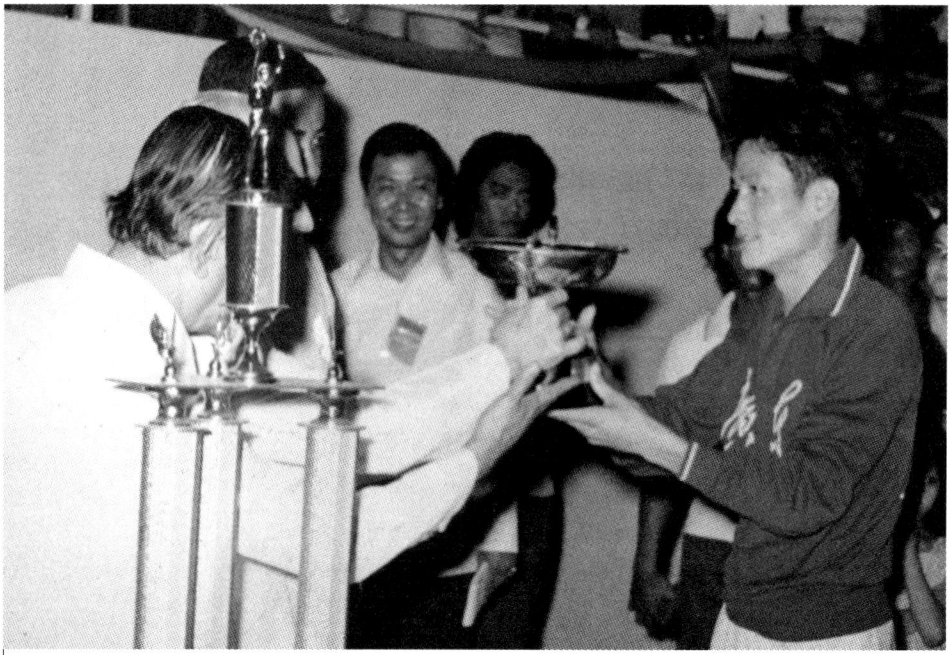

★ 手捧奖杯的容志行

道凡是在绿茵场上能够立足的小个子球员肯定有料。

熟悉容志行的教练和队友都知道他的能力是怎样培养出来的。

容志行不畏强手的勇气，是从小就自我刻意培养的。他在小学和初中阶段就很喜欢和工厂的球队比赛，对手往往比容志行高出一个头以上。经常和高大的队员比赛，锻炼了容志行的意志。有一点容志行非常明白，对手的高大是有弱点的，如重心高、转身慢，他用动作灵活和技术比较熟练的特点照样可以压制高大的对手。容志行进了省队后，碰到北方球队或者外国球队的高大队员来盯他，他并不感到胆怯、害怕，一般都能发挥出正常的技术。但容志行更加明白：不怕不等于解决问题，还必须有良好的技术！他从小在磨炼技术上也狠下功夫，不但和强手比赛，同时也经常和技术差的同学比赛，但对弱的对手不是一对一比赛，而是一对二，甚至一对三以上的小型比赛，这对容志行运用技术也有很大的帮助。有时他运球能连续过人，这一方面需要有意识、胆量，另一方面也是依靠平时以少打多不断苦练得来的。

对古巴队一战成名后，容志行对自己更加有信心了，他要坚持将技术化的路走下去。

3 围棋的风度

1970年，足球名宿方纫秋等人来广州物色人才，以便重新组建国家队。他们看中了风华正茂的容志行，把他吸收到国家队集训。第二年，容志行正式成为国家队队员。

其实，据容志行亲述，他进入国家队的年份，要上推到1970年。

1969年，容志行在重组的广东足球队打出了名堂，被国家队招到北京参加集训。容志行是1970年9月23日到北京，1970年10月回到广东。当时，全国足球联赛在广州举行，20多个球队集中比赛。当时的广东队水平相当高，他们赢上海5∶0，赢贵州11∶0。足球圈的人说："广东队水平太高了，现在能跟广东队较量的只能是国家队了！"打完联赛，容志行就没有上京，国家队方面也默许了。这次入选国家队虽然没有正式比赛，但让容志行开了眼界。

1972年，全国"五球运动会"期间，中国足球队临时借调容志行赴北京，参加与来访的智利足球队的比赛。第一场，容志行在下半场上场踢了20分钟；第二场，容志行踢了半场。由于表现出色，1972年，容志行正式加入国家队。

1972年9月到11月，广东队应邀访问喀麦隆等三个中非国家。容志行精湛的球技和"宁失一球，不伤一人"的崇高风格震撼了当地球迷。

容志行的球技很好，这非常难得，更加难得的是他的球风特别好。容志行在球场上的大将风度，固然与受到善良的母亲和耿直的父亲从小教导有关，但很多人都相信是与容志行钟情围棋有关。

受两个弟弟的影响，容志行也喜欢上了围棋。容坚行和容定行在小学下棋时，已念初中的容志行经常跑到学校来看他们下棋。有时兴起，他也找弟弟和几位同学杀上几盘。容志行在中学时还曾参加过一次广州市中学生围棋比赛。

后来，容志行进入国家足球队，而容坚行进入了围棋队。虽然他们一个是国脚，一个是国手，但两人兴趣相仿：容坚行的主业是围棋，平时经常上场踢球；容志行专攻足球，但围棋成了他最大的业余兴趣。

容志行每次到北京的国家队报到，总是先到围棋队“报到”，找棋友下几盘棋后，再去足球队。在国家围棋队中，陈祖德、聂卫平、马晓春、王汝南、华以刚都是容志行的好友和棋友。

容志行的棋瘾很大，经常找职业棋手和业余棋手下棋。相互间熟了，职业棋手们也不客气，让四五个子，仍将他杀得片甲不留，虽然输多赢少，但容志行很享受下棋的快乐。后来他便找同等水平的围棋队工作人员下棋，这样他既过了瘾，又能赢棋。

容志行经常出国比赛，他消磨空余时间的办法就是看棋书，随身行李里总带着《日本名局精解》之类的围棋书籍。没人陪他下，他就自个琢磨。他性格随和，棋友遍布全国，每到一个地方他都能找到一些对手。

下棋能给容志行的足球生涯带来另类的思考。

有一段时间，容坚行在围棋上面临瓶颈无法突破。看到弟弟很苦恼的样子，容志行便开导他：“不要老是埋头下棋，要学会调节。一方面可以调节精神，以免脑筋呆滞；另一方面可触类旁通从中得到启发。比如，我有一次去打篮球，看到别人一个过人切入的假动作很不错。当时，那个打篮球的人正要过人，他带球高速想从左边突破，却突然急停，然后转身从右边闪过对手，接着潇洒上篮。这个动作非常灵巧，我觉得可以在足球场上使用，效果果然不错。”

原来，围棋对于容志行来说不仅仅是一项智力游戏，更是一种精神调节，围棋“手谈”的优雅给予他一种气定神闲的气质。作为球场上的灵魂人物，遇事大气、冷静是最重要的，这种风度，围棋能给予他。

紧张的训练和比赛之余，下围棋是一种很好的调节，形成爱好后，围棋对容志行起到了潜移默化的作用：常动脑筋，爱思考，形成观察问题、思考问题和解决问题的习惯性思路，变得更有大局观。在围棋潜移默化的熏陶下，他的综合素质得以全面提升。

容志行的业余爱好除了围棋之外，还有排球、篮球、羽毛球、乒乓球、网球，他说这些项目都对他踢球有帮助。下棋有助于培养他勤于动脑的习惯和分析的能力，打

★ 对围棋兴趣颇丰的容志行

羽毛球有助于他锻炼灵敏性和起动速度等等。他喜欢玩，但都不是瞎玩，而是很用心地去玩。

足球是容志行的主项，但他觉得运动员除了要练好主项，像排球、篮球、羽毛球、乒乓球、网球等副项都应该练一练，最好能玩得比较精。他举例说："打羽毛球时要求来回奔跑速度很快，动作密度大，要打得好，需要有灵敏的身手、快捷的起动、迅捷的弹跳……这些技巧对我的主项都是很有帮助的。打篮球，我也在行，虽然我个子不高，但运球很灵活，是'主力'。身高不够，我就苦练手部动作，用技术好、意识好来弥补身体的不足……"

容志行的这些体育业余爱好在运动队中是很有名气的。他在读小学时，宝岗业余体校乒乓球班的个别队员都赛不过他，以至乒乓球班的教练还动过心思想拉他去练打乒乓球呢！容志行虽然获得过宝贤大街小学的全校乒乓球赛男子单打冠军，但他最爱的始终还是踢足球，所以他就

>> 《第一千个球》：贝利的自传，原话为："我父亲在教导我时，办法总是很巧妙……他对我说，在足球场上，总是有人骂你，也有人为你喝彩，而我们必须接受这一切。他说，对于那些嘘你的人，最好的回答就是把球射进他们队的大门。"

>> 五球运动会：全称为"全国五项球类运动会"。1972年6月，为纪念毛泽东主席"发展体育运动，增强人民体质"的题词发表20周年，为改变中国球类运动的落后状况，全国五项球类运动会在北京、天津、保定、张家口等六地同时举行。五项球类运动会的比赛项目有篮球、排球、足球、乒乓球和羽毛球。这是自1966年"文化大革命"以来首次大型的全国性球类比赛。

没有“转行”。

除了乒乓球打得好，容志行的网球、羽毛球也非常了得，在广东省二沙体育训练基地，这些项目，在业余界几乎是没有对手的。

容志行喜欢通过练习这些副项，锻炼自己的分析能力，调节自己的身体，而这些都对他练好主项很有帮助，是他“会用脑踢球”的原因之一。

棋圣聂卫平对容志行推崇备至，他一直认为容志行是中国踢足球踢得最好的球员，觉得容志行的大局观最好。而容志行的大局观好，得益于他喜欢下围棋。他在场上观察时会用围棋的一些思路，看得很远，注意整体配合。

容志行1972年入选中国足球队，是那一时期国足的进攻核心。在比赛中，他始终表现出高超的球技和高尚的体育道德。他说：“我在场上比赛时，所有的注意力都集中在球上，从来不会去报复踢人。我永远记得这么一句话，那就是，对对手的最好‘报复’就是把球踢进他们的球门。”这句出自球王贝利自传《第一千个球》的话，成了容志行的座右铭。

容志行从进入广东队、国家队到退役的近18年中，参加各种国内外比赛近千场，却从未领过一张黄牌或红牌，这是一大奇迹。

容志行一直认为：足球比赛看起来很粗野，其实不然，只要双方都是对着球，努力去争胜，比赛就会既激烈又精彩。至于在比赛中对方踢不到球而踢人，有两种原因：一是技术不到家，做出的动作不规范；二是对足球的真谛不理解，动作过大，甚至产生报复行为，两者均不可取。而容志行对对手的“重点照顾”另有见解：“足球场上两边各11人比赛，我能吸引对方两三个队员的防守，那就是成功。因为此时，必然有队友无人盯防，处于有利位置，我就要千方百计地将球传到他的脚下。”

容志行还有“足球场上勇敢的人不易受伤”的独特理论。他说，足球是激烈对抗的运动，允许合理冲撞，被对方撞倒踢倒不可避免，但许多时候是勇敢的人不易受伤。他举例说，双方面对面同时使劲踢球，力量互相抵消，大家都不受伤；如果另一方出脚犹豫，就成了被打击的对象，当然更容易受伤。

踢球能举重若轻，容志行在球场上的大将风度与他喜欢下围棋有关。钟情围棋对弈，让容志行动静相宜，成为中国足球队文武兼备的帅才。

第五章

PART 5

震惊香江的“世界波”

容志行在教练、队友的支持下进步神速，他代表国家队、广东队比赛打出了许多经典之作。他的经历一再向人们昭示：竞技体育是要用成绩来说话的。而成绩是可以通过刻苦的训练和认真的比赛来换取的。

1 融入集体

入选中国足球队，容志行当然很兴奋，但要适应北方的生活，得有个过程。他希望能尽快融入球队，争取好的表现。

容志行从广东初到北京时，身体产生了一些不适反应，但热爱足球的他尽最大的努力去克服新的困难。

国家队的训练是非常严格的，作为新人，容志行要争取好的表现，所以他在训练中依然表现得生龙活虎。

在北方，一般的生活习惯还是比较容易克服的，但说到吃，对容志行来说就有点难了。南方人习惯吃大米，平日饮食中又讲究多饮汤水，而这些，在北方是缺乏的。

刚到北京参加国家队集训时，容志行不太习惯北方的口味，经常没吃饱，以至有时晚上睡不着觉，直到快半夜，他才能入睡，这样第二天训练时，容志行体力、精神都不佳。尽管他一再努力，可还是被细心的年维泗教练发现了。

年维泗作为国足教练，素来以严格著称，他带队训练时，要求很严，谁也不能偷懒，所以当时的训练非常艰苦。

年维泗发现新来的容志行训练时体力欠缺，未能跟得上大家，便向他了解情况，终于知道容志行是由于睡不好。容志行努力克服困难，他从没缺席过队内的早操。他用实际的行动，向教练、队友们表示：我容志行是不搞特殊化的，我要坚持跟大家一起训练！

在“文革”那个特殊年代，国家队也搞每周五吃“忆苦饭”的活动，每周吃两次粗粮，这让喜欢吃米饭的容志行很不习惯。

有一天，容志行在吃午餐时偷偷将两碗炒饭和在一起

★ 容志行与原中国国家队教练年维泗

拿回宿舍，准备留在晚上吃。容志行的这一“小动作”，却被食堂的工作人员发现了。后来，他们告知了年维泗教练。

>> 年维泗：祖籍河北抚宁，1933年5月11日出生于北京。中国著名足球运动员、教练员，有“中国足球教父”之称。1958年被评为“全国十名最佳足球运动员”之一。1965年7月出任中国队主教练。曾任中国足协主席。

年维泗理解这是一向人品不错的容志行“饿”出来的“昏招”，但作为教练，他还是要管纪律的。他向容志行询问时，容志行一口承认是自己做了错事，表示以后再也不这么做了。

在国家队全体队会上，容志行做好了挨批的准备。无论如何，违反了纪律就该受到批评甚至受到惩罚，他有这种心理准备。

可让人意想不到的是，年维泗教练不但没有批评容志行，而且还在会上表扬了他，就是因为容志行勇于承认错误、不撒谎。

为人“诚实”，是容志行留给蔺新江等队友最深刻的印象。

容志行在北方显得很不适应的，除了吃的习惯之外，还有就是“说”了。

那时，容志行的普通话说得并不好，加上又是新队员，国家队里有许多已经很有名气的球员，所以他很少说话。

足球运动是集体项目，队友之间能进行流畅的交流是非常重要的。而这种交流要达到默契，得靠平时在日常生活、训练中去培养。

年维泗教练很有办法，他知道说话也像踢球一样，都是功多艺熟的。于是他经常鼓励容志行在队会上发言，队友们也不笑话他那不太标准的“煲冬瓜”（即“普通话”的谐音），很快，他的普通话有了很大的进步。

后来，外界有人发现容志行在国家队里是一个人住一间房的，有“特殊化”之嫌。这让容志行很无奈。

其实，容志行有比较严重的失眠症。开始时，他试过和队友同住一室，但总是睡不着。为了不影响别人，他用报纸将床头灯捂得只剩下一小圈微光，然后看书到深夜1—2点才能睡觉。但这样终究还是影响了队友，于是，他就常常到走廊上看书。除了看围棋书外，容志行最喜欢看武侠小说了，金庸的、梁羽生的、古龙的……凡是能找到的武侠小说，他都看过。这些小说虽然风格、故事不同，但有一些共同点，就是里面的英雄人物讲义气，有正义感，而且故事都是宣传邪不能胜正的。这些都是让容志行很欣赏的东西。

容志行失眠，休息不好，肯定会影响他的训练、比赛。国家队的领导观察了他很久，发现他并非“不守纪律”。为了让容志行好好休息，队里特批容志行单人住一间宿舍。而队医也教他如何有效服食“速可眠”，以保证他睡得好，有体力训练和比赛。

来自教练、队友、队医的理解和帮助，让容志行深切地感受到集体的温暖，他在训练中变得更加努力，更加刻苦。

功夫不负有心人，容志行经过苦练，终于成为一名既可组织进攻，又能冲锋陷阵、突破扣关的出色前锋。为了练出一两手过硬的绝招，容志行苦心钻研，设法不断巩固提高。他的控球技术在全国算得上是拔尖的，但他并不满足。到了星期天，别的队友们休息了，容志行也会加班加点去练习。

对于足球事业，容志行绝对是一个有追求的人，除了有一次严重发烧请假外，在国家队的训练和比赛期间，他没有请过事假、病假。对事业的执着也让他在球场上磨炼出过硬的本领。

容志行刻苦训练、认真比赛，赢得了队友的好评。而在足球专业上，他也收获甚丰。

有一次，年维泗教练在队内搞了一次测验：看谁的踢球距离最远。

这种测验，是试试队员的脚力，是教练检验训练效果的项目之一。

测验结果是，容志行很轻松地就击败了很多身体素质比他好、力量比他大的球员。

这件事给年维泗教练留下深刻的印象，因为一般人都认为容志行体能不突出。可这个结果，又显示出容志行其实脚力很好。年教练认为，这是容志行懂得用巧劲：脚触球的部位准确、腿的摆动速度飞快、站位准确合理。这反映出容志行在日常的训练中，非常注重技术细节，并能掌握得很好。所以，对于容志行能在国家队激烈的竞争中成为最突出的球员，年维泗一点也不奇怪。

在这次队内技术测试中，容志行还获得了颠球时间最长、绕杆带球30米速度最快等几个项目的冠军。

善于思考的容志行很快就融入国家队的大集体中，并在各种比赛中发挥出自己的水平，成为国家队的灵魂人物。

许多年后，当年的国家队教练年维泗谈起容志行时，对他“功夫在场外”的特点记忆犹新：由于语言的原因，很多广东球员到了国家队都愿意扎堆，而容志行除了和广东球员关系密切外，和国家队其他球员也很谈得来，再加上他性格宽容、为人正派，很多球员也愿意和他交往，因此在球场内外，容志行都有很好的口碑。

日常生活中，容志行也是一个爱好广泛的人，他喜欢围棋，羽毛球也打得不错。在年维泗看来，想要成为一名高水平的足球运动员，除了需要在球场上踢出好球、在训练中全力以赴外，还要在球场外学习知识。以前年维泗带国家队的时候，每周三都会安排老记者、书法家、作家、音乐人给队员们讲课。容志行对这些就非常感兴趣，他之所以成为那个时代中国最出色的足球运动员，爱好广泛、乐于学习应该是很重要的原因之一。

2 震惊香江的经典之作

1974年11月26日，容志行随国家队第一次出访东南亚泰国、菲律宾、马来西亚等国，并顺道访问香港。两万多名观众让香港政府大球场（香港大球场的前身）的看台上显得很“爆棚”（指拥挤）。

香港是中国以至亚洲足球发展得最早的地区，在1900年左右就有比较大规模的比赛。足球在香港有着广泛的群众基础。

中国队这次交锋的对手是香港联队，由当地的“南华”等多支球队中的佼佼者组成。由于他们有经常与外国球队，特别是与英国球队交战的经历，所以他们见多识广，实力非比寻常。

容志行在这场比赛中担任左边锋，他踢得十分活跃。

在比赛中，容志行踢进了一个非常美妙的球。

当时容志行穿插到对方的禁区右侧，突然队友传来一记速度快、落点刁的球，灵敏的容志行快步迎向前，巧妙地占据了有利的位置，就在球即将落地的一刹那，他用左脚把球挑起避开对方的防守球员。容志行正要转身射门的时候，对方的右后卫已经飞步冲过来进行抢截。容志行见对方来势凶猛，急忙把身体一闪，右脚把球一挑，球就巧妙地绕过对方右后卫的头顶落下。他一个急转身，起左脚就要劲射，但对方的中卫又冲出来拦截。气定神闲的容志行不慌不忙，在对方快要触及皮球的一瞬间，他再用左脚将球挑起，在球触地弹起的一刹那，他猛地挥腿劲抽，球应声入网。

电光石火之间，容志行这三次挑球、一记猛射，动作连贯，显示出非凡的足球功架，见多识广的香港球迷大为惊讶。因为这样的高难度动作，如果在没有压力的情况下，一般足球运动员在训练时都能做得出来。但在正式比

★ 容志行手捧省港杯

赛中，在门前短兵相接的混战中，能冷静处理，应变得体，动作做得干净利落，最后还能射门得分，就不是寻常人能做得到的了！能有如此功力的球员，一般都是世界级别的足球明星。容志行这一世界级技术动作，让香港著名商人、足球爱好者霍英东大为赞叹，称中国的球星也能踢出这样精彩的球，真是“世界波”！

这支中国队有李宙哲、王后军、徐根宝、戚务生、迟尚斌等名将压阵，在此战中，中国队以5：2战胜香港联队。一场比赛入了7个球，但香港的足球记者、电视上的香港足球评述员都对容志行的那个“世界波”津津乐道。流风所至，粤语“世界波”一词由此传入广州，继而风靡内地。

★ 广东队在香港比赛

容志行这一“世界波”堪称经典之作，震惊香江。

比赛结束后，容志行被记者包围得水泄不通，成为有口皆碑的新闻人物。

不过，面对排山倒海的赞誉，容志行保持惯有的冷静，别人要他谈谈对这场比赛，特别是对他打进的“世界波”的感想，他一定会谦虚地说：“这个球之所以踢得好，是因为队友的传球传得好；如果队友传不好，我也踢不进去……”

面对荣誉，容志行没有被掌声冲昏头脑，因为他的足球之路充满了坎坷，他的成功不是一觉醒来就从天上掉下来的，其中充满了艰辛与奋斗——

1965年8月，容志行第一次出省到内蒙古参加全国青年足球比赛，一次，他在中线过人后，对手紧紧追了上来。他盘球过去了，对手不舍又追过来，他再过，竟然一连过了三次，令速度很快的对手徒呼奈何。当时，年维泗教练也来到内蒙古的呼和浩特市观看比赛，也期望在这里选些好苗子。容志行的球感不错，头脑也很机灵，但由于身体太过单薄，速度也一般，并没有给他留下太深的印象。

20世纪60年代后期，几位国家队教练组的成员都向年维泗教练推荐过容志行，大家都认为他虽然身体素质不是很好，但是具备“南派”足球“小、灵、精”的特点，是对国家队阵容的有力补充。随后，年维泗教练专程去广东对容志行进行了考查，发现他虽然取得了一定的进步，但还是在跑动、速度等环节有所欠缺，还不能达到国家队队员的要求。

1970年，国家队进行了大范围的人员调整，容志行和其他几名年轻球员开始跟随国家队训练。当时教练组就发现，容志行的身体素质、速度等方面的能力已经较以往有了很大的提升，而且还体现出了在控球、摆脱、传球、组织进攻上的天赋。可和北方球员相比，他的身高、力量、冲击力还是不占优势，因此教练组并没有让他打在广东队擅长的前卫位置，而是将他安排在中场左路，负责球队的左路进攻和中场梳理、组织。1972年，容志行被正式调入国家队。

1972年12月，国家队在上海迎战朝鲜平壤队和“二八”队。由于主力王后军受伤，年维泗教练决定让容志行上场试打左边锋。

“明天打比赛，你敢不敢上？”年维泗教练问容志行。

“我是运动员，哪有不敢上的？”容志行自信地笑着回答。

上场后的容志行很活跃，令对方后卫左支右绌。中国队分别以3∶1和1∶0的战绩取得了比赛的胜利，国家队的新丁容志行在比赛中还射入了1球。

在其后的比赛中，容志行成了国家队的主力队员，并在1973年、1974年这两年中，成为国家队进球最多的射手之一。

1974年，容志行上演了震惊香江的经典之作，从此之后，球艺已经渐入佳境的容志行也逐渐成长为国家队的中场核心。

3 大战『汉堡』

1980年1月6日下午，容志行又站在了香港的政府大球场上，看台上观众依旧“爆棚”。

这次，容志行是随广东足球队来比赛的，他们的对手是联邦德国的冠军队——汉堡足球队。

这是被香港人称为“贺岁波”的第二场比赛。在前一天举行的第一场比赛中，汉堡队以9∶1的悬殊比分大胜香港冠军精工队，使全港球迷大为沮丧。

当时的汉堡队是德国乃至欧洲的顶尖球队。这支球队，1977年在欧洲优胜者杯决赛击败比利时的安德莱赫特队，首次夺得欧洲赛事锦标。来香港前，他们刚刚获得1979年的德国甲级联赛冠军，可谓风头一时无两。

汉堡队中拥有7名现役“国脚”。其中，牌号最响的是中场大将基冈。

基冈个子不高，是世界足坛著名的“矮脚虎”之一。他体重68公斤，身体条件并不佳。但他具有极高的足球天赋，动作灵活善变，体力过人，技术精湛，突破能力强，射门功夫超群，能左右开弓，头球更是一绝。基冈是20世纪70年代独步欧洲足坛的世界级巨星，红极一时。来香港比赛前的1978年、1979年，基冈连续获得“欧洲最佳球员”称号。他原是英国利物浦队的领袖人物，后来被汉堡队以60万英镑的高价招揽过来，从而使汉堡队如虎添翼，在欧洲创造了最高的票房价值。

由欧洲足球先生（即“欧洲最佳球员”）基冈领衔的汉堡队莅临香江，让香港球市变得火热，球迷们都在热烈地议论着基冈的神奇脚法。

香港的冠军队精工队虽然云集了胡国雄等香港好手（胡国雄是1985年5月19日在北京工人体育场进行的世界杯外围赛中淘汰中国队的主力核心队员，这场比赛引发了震

訪容志行於新居

本報記者老兵　朱海

與歐洲有一定距離

培養接班人的問題

體操教練員

有延長傳說

杜智仁可能動手術

★ 20世纪80年代，香港《晶报》报道容志行的文章

>> 凯文•基冈：英格兰人，绰号“电老鼠”。1951年2月14日出生，身高1.69米。1978年、1979年的“欧洲最佳球员”，1990年获国际足联颁发“超级金球奖”。退役后曾任英格兰国家足球队主教练。

撼中国体坛著名的“5•19”事件），但是却也大败给汉堡队。事后，香港的媒体显得情绪十分低落。

那时候，中国内地刚刚改革开放，与外界的足球文化交往不多，香港媒体对内地足球的认识也比较浅薄，香港的报纸都在热烈地讨论：对阵汉堡队，香港的精工队尚且失掉九个球，广东队与汉堡队打，恐怕要多带几个箩筐去装球了吧！

在“广东队不是汉堡队对手”的哀鸣中，也有清醒的球迷。他们发现，曾经传言要退役的中国国脚容志行也在广东队的阵中！

在香港，容志行被誉为“中国之宝”，因为许多球迷都看过容志行1974年射出的那记“世界波”。每当广东队访问香港，有关方面总要打听容志行是否随行。香港足球总会的一位负责人曾说：“如果容志行不上场，卖座率至少降低三分之一！”

容志行是当得起“中国之宝”这个美誉的，他对外国球队比赛时屡有佳作，打出了国威。像1973年，在对阵来中国访问的阿尔巴尼亚青年足球队的比赛中，容志行从左路攻至禁区，正欲用右脚劲射，不料阿队门将看准球路，飞身扑向左角。就在这一瞬间，只见容志行一个急刹车，收住右脚，身体重心向右边一倒，在行将倒地时，左脚一扫，球从右角飞入网底。

1977年，在北京举行的国际足球友好邀请赛中，中国队对扎伊尔队，那是一场关系到能否出线进入决赛的关键比赛。双方全力以赴，比分打成平手时，中国队获得了进攻机会。容志行突然起动，在对方禁区线附近占据有利位置，此时队友将球传入，球飞至半腰，容志行此时背向大门，却突然来了个“倒挂金钩”，凌空一脚，皮球冲过层层防线，中的破网，为中国队获得了可贵的三分。

“他的技术比较全面，是场上进攻的组织者。”中国足球队领队杨秀武这样评论容志行。

由技术已臻化境的容志行压阵，应该可以与汉堡队一拼！不少香港球迷充满期待。

基冈与容志行身材相仿，也是以技术著称，为人谦虚、谨慎、稳重，是场上的灵魂人物，深得队友们的信任。这一点，也与有“球场上的灵魂人物”之称的容志行相仿。中国球王与欧洲球王的较量会有什么样的火花？他们的水平孰高孰低呢？

战前，容志行和队友们都知道基冈的厉害。这位著名的“矮脚虎”可不好惹。基冈曾经向别人介绍自己成功的经验说：“我的个子不高，但技术不差，动作很伶俐。因此，常常能骗过或战胜块头比我高大的对手。比赛中运气可能有一两次，其他必须靠自己去争取。”可见他明白自己并没有外在的优势可言，但他能用良好的身体素质和超群的足球技术弥补先天的不足。要与汉堡队抗衡，限制基冈的作用成为关键。

广东队的教练让容志行和谢志光等中前场球员负责盯住基冈。

强敌当前，容志行自然不敢大意，他与教练、队友认真地研究对手的特点。他希望打好这一仗。

广东队素来不惧怕外战。远的不说，就以近况来说，广东队外战的成绩是很不错的，像1972年9月下旬，广东队受国家体委派遣出访中非多国，取得了九战3胜4平2负的成绩，其中在刚果以3：1战胜刚登上第八届非洲俱乐部足球赛盟主宝座的布拉柴维尔联队。1979年1月30日，广东队在香港与瑞典冠军、拥有五名国脚的柯士达队大战

★ 容志行在攻门

>> 陈熙荣：1953年生于广州，司职前卫，攻守兼备，在中场与容志行是最佳拍档。球员时代，代表广东队曾参加第三届至第五届全运会，拿过1979年全国甲级联赛冠军。1976年入选国家队。1984年退役后，先后执教广东青年队、中青队和广东足球队。1992年，他率粤穗联队代表国家队参加亚洲杯预选赛。1992年至1997年，任国奥队和国家队的助理教练。现为国内著名的足球评述员。

>> 欧伟庭：广州人。司职左边锋。速度快，过人技术好。在20世纪70年代与容志行、蔡锦标、何佳一起被称为“广东四杰”。1971年入选广东队，1977年与李富胜、刘志才、王峰等人一起成为中国青年队的一员，并在当年夺得北京国际足球邀请赛冠军，次年又代表中国队出征曼谷，角逐第八届亚运会。他在多届省港杯中都有上佳演出，被许多球迷称为香港队的“克星”。是广东队夺得1975年第三届全运会金牌的主力，曾入选国家队。

90分钟，以0：0握手言和。同年11月8日，广东队在广州迎战瑞典国家队，在1球领先的情况下被对手逼平……

虽然在表面上看，广东队与汉堡队不在同一个档次，似乎难以匹敌，但容志行领军的广东队并不是会被对手吓倒的球队。战死也要比受屈辱强！大家同仇敌忾，希望捍卫广东队“外战内行”的名誉。

广东队与汉堡队的比赛在下午3时拉开战幕。当广东队跑步进场时，情绪异常兴奋的观众呼喊着“容志行”，他们希望容志行能带领广东队打出精彩的比赛。

汉堡队并不像是那种来亚洲旅游的球队，一开场，他们就向观众展示了当时风靡世界的全攻全守型打法：他们注重整体作战，利用场上的每一寸空间去开展攻防。汉堡队强大的气场挤压着广东队，基冈施展开他那芭蕾舞般优雅的脚步，组织起水银泻地一样流畅的进攻……汉堡队悦目的短传和强劲的吊冲，令广东队疲于奔命。在防守上，汉堡队惯以飞身铲球来瓦解对方的攻势，这种强悍的防守，确实让身材不如对手强壮的广东队有点发怵。

在顶住了汉堡队的三板斧之后，回过神来的广东队在容志行的组织下进行了反攻。容志行在中场正好与基冈对位，他们如影随形，在较量着摆脱对手的技巧。

上半场7分钟，广东队的陈熙荣门前抽射命中，广东队竟然1球领先！

汉堡队岂是好惹的？很快他们就扳回了1球。

上半场10多分钟，容志行在中场摆脱了基冈，压入禁区。当对方后卫上前阻挡时，容志行又巧妙地把球传给处于门前的欧伟庭。欧伟庭单刀赴会，一记猛射，球应声入网。

广东队又领先了，全场观众发疯似的狂叫，因为他们从来没想到广东队能入球，而且还能领先！

汉堡队很快又追回1球，第二度追平。

汉堡队显然不愿意被广东队抢尽风头，经验丰富的他们也把扼制广东队的核心容志行作为重点。基冈以超凡的体力和简练的脚法，限制了容志行发动的攻击。但容志行也审时度势，很快做出了反应，利用对方过分重视他一个人的这一弱点，以准确的传球，让队友从两侧的边路另辟战场，原先不利的局面顿时被扭转过来了。

下半场2分钟，陈熙荣梅开二度吊球入网。广东队第三度领先！

双方剧烈的拉锯战紧紧扣住全场观众的心弦。最后，汉堡队强攻得手，第三次追平了比分。

这场大战堪称广东队外战的经典之战，双方的入球如梅花间竹，广东队三度领先，又被汉堡队三度追平。赛前被视作弱队的广东队竟然将强大的对手逼和，让人大感意外。容志行领军的广东队在对阵基冈领军的汉堡队时丝毫不落下风，他们沿袭广东队“外战内行”的优良传统，大大提高了广东乃至中国足球的声誉，赛果震动了整个香港，也震动了欧洲足球界。

在和汉堡队的比赛中，容志行还上演了在对方的禁区弧顶前连过数人的精彩表演。赛后，与容志行贴身拼搏的基冈对他留下深刻的印象。基冈在评价容志行的表现时说：“他的全面技术使我们无法将他冻结。他每一秒钟都在制造危机。”这些知人之言，可谓惺惺相惜。

第六章

PART 6

“危险人物”的两把“撒手锏”

容志行球技高超，他一上场，即被对手视为“危险人物”，加以重点防范。虽然常常成为对方紧迫、死盯的对象，容志行从来不以暴易暴。在对手眼中，容志行的“危险性”，不仅在于他身怀绝技，而且还在于他不是一个人在战斗，在于他能组织一个团队去战斗。体育比赛是没有硝烟的战争，以德服人、以技服人的人是最大的赢家。

1 『场上救人』的真相

有一个关于容志行的生动故事，一直被人们津津乐道：

广东队在中东某国参加的一场友谊赛中，身穿“11号”球衣的容志行带球直奔对方禁区，对方的两名后卫从左右两边向容志行飞身撞来，被容志行变向闪开，那两名后卫却撞到一块，双双受伤倒地。容志行回忆当时的情况说：“我就听到身后‘咣’的一声，回头一看，对方两个人撞在一起，都摔倒在地上，我于是停止进攻，回去把对手扶了起来。”

观众看见容志行放弃了功成在握的射门机会，在刹那的惊奇之余，场上爆发出如潮的掌声。

赛后，一批当地球迷涌进场内，有节奏地呼喊着：“11号！11号！”一直将容志行等队员送到所住的旅馆。

当地一家媒体这样评论：“在洪水暴风一样的比赛激烈气氛中，中国广东队的11号竟能取得一种节制，避免了比赛流于过火，他是在经受了多次粗暴攻击后吹起良心道德号角的。”

这个故事反映出容志行不仅技术出众，更难能可贵的是他在场上所表现出来的高尚体育道德。

在这个故事流传了许多年之后，有一次，容志行出面解释说：“这是大家后来传的，实际上当时的国际比赛不是正式比赛，也不是我要打门的时候，还没到那个地步。比赛中，我过了对方两个防守球员之后，听到身后‘咣’的一声，回头一看，对方两个人撞在一起，都摔倒在地上，我于是停止进攻，回去把对手扶了起来。当时就是友

★ 比赛双方互换队旗

谊赛，又是在国外，因此没有放在心上，对手是谁没有记住，也忘记是在哪个国家比赛的。”

谈起这件当年球场“救人”事件的真相，容志行很平静，因为对这件事他并不上心，以至何时、何地和对手是谁，他都忘记了。

即使故事在流传中，细节与事实的真相有出入，但毕竟是一场比赛，容志行能及时停步，扶受伤倒地的对手起来，这肯定是球场上的一大“奇景”。容志行当时的行为，获得了观众的认可和赞赏，体现了一种良好的风尚和道德。

面对球场上的斗气斗狠、损招歪招，容志行的观点是：“要让对手折服，最好的办法是将球送进对方门里，而不是报复。”

他的这种态度不但激励了队友，而且也常常感化对

>> 撒手锏：“锏”是古代搏斗时用的兵器，形状像鞭，有四个楞，没有刃。本来是拿在手里打斗的，如果突然扔出去，便大大出乎对方意料，因而这种办法往往能让投击者取胜。所以，人们便用“撒手锏”来比喻关键时刻克敌制胜的绝招。

手。容志行从进入广东队、国家队到退役，在近18年中，参加各种国内外的比赛近千场，却从未得过一张黄牌、红牌。这是极其惊人和罕见的，几乎是一个奇迹。以德服人的容志行常常令对手送上发自内心的掌声。

足球比赛中，足球运动员最需要的是精神。精神是人的支柱，是看不见的灵魂，也是巨大的战斗力。很多时候，具有了一种好的精神，比赛中就更容易正常或者超水平发挥。否则，到了关键时刻就会掉链子。

相比起容志行那一代的足球运动员，现在的中国足球运动员最缺的就是精神。容志行认为：“青少年球员的发展，其实也是全方位的提高，包括身体、技术和精神风格。在场上顽强拼搏，胜不骄败不馁，技术好了，为国争光了，对后人有教育意义。奥运会、亚运会升国旗奏国歌，以前看电视就流眼泪。我们是从中国过来的，当时拿了世界第一个冠军，大家都流下了激动的泪水。那时候不仅仅是一个冠军头衔，更重要的是一种激励人们的精神。”

容志行说起体育精神，并不是矫情。其实他从小就是这么要求自己的：在讲求成绩和技术的同时，更强调要有精神。

没有伟岸身躯的容志行一站到球场上，对手从来都不敢轻视他，因为他拥有“以德服人”“以技服人”两把克敌制胜的“撒手锏”。

2 以技服人：做取胜的钥匙

日常生活中，容志行为人谦虚、低调，但他到了球场上，就会当仁不让地担当起组织进攻、摧城拔寨的重任。当球队面临困境，有着旺盛精力和自信的他便会挺身而出：看我的！他运用自己非凡的技术、意识和突破能力，为球队排忧解难。

容志行在足球生涯中，曾经以苦练的绝活，为我们留下精彩的镜头。

镜头一：冷静射入点球，用入球“报复”对手

1980年12月31日，中国队在世界杯亚太区第四组预赛的最后一场中与香港队相遇。

比赛在香港举行。双方激战120分钟不分胜负，最后要靠互射点球决胜。

经过掷币挑先后的仪式，香港队先行射点球。

前两轮，香港队和中国队的队员都先后射入，比分成了2∶2。

香港队的第三名射手把球射偏。四轮过后，中国队的前四名队员都射中，比分成了4∶3。

第五轮就要开始了。按照规则，假如香港的第五名选手射入，中国队的第五名选手也要射，以决出胜负。如香港队这名选手不能踢入，那么比赛就以中国队4∶3获胜。

在这关键的时刻，现场的气氛十分紧张。

香港队的第五名射手尹志强走到点球位后，全场的香港观众都瞪大眼睛，希望这位香港著名射手能力挽狂澜，因为如果他射入了，就会逼中国队派出第五名选手来射门。射点球偶然性很大，射中或者射不中都有可能。香港

★ 容志行在比赛中突破的英姿（左）

队当然想逼出中国队的第五名选手，这样胜负就很难预料了！

也许是压力太大了，香港队的尹志强想拿一个更加刁钻的角度，他发力一射，球竟然被中国队的守门员李富胜扑弹出！

中国队的第五人已经无须再射了，战斗结束！

4∶3！中国队获胜！

李富胜高兴得从门里狂奔出来，与队友们拥抱在一起，欢庆胜利。

忽然，裁判员把李富胜召回，说他刚才双脚移动（按足球规则，罚点球时，在球射出之前，守门员不得移动双脚）。如裁判员认为守门员犯规了，需要重罚。裁判员让对手尹志强再射。

尹志强不等裁判员吹哨，趁李富胜不备就把球踢入门里，裁判即判入球有效。场上记录变成4∶4！

中国队许多队员都觉得裁判员可能误判了，有偏袒香港队的倾向。个别队员很恼火，找裁判员论理，但裁判员丝毫没有改判的意思。

球场上乱成一锅粥，双方争执不下。

不少拥戴主队的观众顿时嘘声四起，往台下乱扔杂物，气氛变得异常紧张。

这时，容志行快步向前拉开跟裁判员纠缠的队友，说了声："算了，看我的！"

目前的比分是4∶4，只要容志行能射入，中国队依然是胜利者。

香港的球迷又是跺脚，又是尖叫，千方百计制造种种声音，意在影响容志行射点球。假如容志行这球不能射入，双方就要进入第二轮的射点球大战，如此一来，鹿死谁手还不好说！

容志行当然洞悉对方球迷的计谋，他知道这时急是没有用的，如自己真的急躁了，就中他们的计了。

容志行岂能让他们得逞？他在球迷震耳欲聋的鼓噪声中，冷静地走向罚球点。他小跑两步，"砰"的一声，他挥腿来了一记有力的射球，打进球门的右上角！

5∶4！容志行干脆利落的入球为中国队锁定胜局。这一无可争议的入球，让对方球迷沮丧万分。

容志行临危不乱的大将风度和刁钻有力的射门技巧，大获好评。他那艺高人胆大的特点固然值得赞扬，但人们更加佩服他在沧海横流的乱局中能顾全大局、服从裁判的豁达胸怀。就连香港的《新晚报》也特地以"英雄本色"为题，撰文赞扬他"泰山崩于前而色不变"的英雄气概。

赢得比赛，容志行当然很高兴，因为他实践了自己常常说的话：用入球"报复"对手，是最好的"报复"手段！

>> 容志行临危不乱的大将风度和刁钻有力的射门技巧，大获好评。他那艺高人胆大的特点固然值得赞扬，但人们更加佩服他在沧海横流的乱局中能顾全大局、服从裁判的豁达胸怀。

镜头二：独特的“倒挂金钩”绝技

1977年的北京国际足球友好邀请赛7月17日在北京开幕，这在当年是一件体坛大事。参加这次邀请赛的共有10个国家和地区的12支足球队，包括朝鲜大同江队、埃塞俄比亚队、几内亚二队、香港队、伊朗队、日本联队、扎伊尔队、中国一队、中国二队和中国青年队等球队。

在上海中国一队对非洲的扎伊尔队比赛中，两队斗得十分激烈。比赛临近结束时，比分还是2∶2。

眼看比赛就要完场了，不甘打平的中国一队觅得一次进攻机会。只见容志行从左路快速突入对方的禁区，队友见容志行抢占了一个有利的位置，立即给他传球。容志行背对着球门来迎球，这是一个齐胸高的长传球。这时，对方的两员防守队员紧紧贴住他的背后，以防止他接球后转身突破。“嗅觉”灵敏的容志行感到通向对方大门的道路已被封死，他急中生智，突然一挺胸部，把球“停”在自己身体前的半空中，整个人随后一倒，飞起右腿，凌空来了一记“倒挂金钩”。容志行好像后脑勺长了眼睛一样，他这一招，球不走地面，对方的防守队员看着从空中掠过的球徒呼奈何，而对方的门将还来不及做反应，“砰”的一声，球已打入球门的网内。

这一记“倒挂金钩”速度极快，难度大，角度刁，顿时引发满场观众的热烈欢呼。

容志行真是太厉害了！

这场比赛，是向全国进行电视直播的，所以，全国很多足球迷都亲眼看见了容志行在对手虎视眈眈的情况下以一记“倒挂金钩”打入致胜一球的情景！

容志行这一入球让人印象深刻，比赛结束后，球场内外都沸腾起来。

容志行摧城拔寨的攻门招数很多，“倒挂金钩”是他的一招拿手好戏。平时训练中能做“倒挂金钩”这种动作的运动员很多，但在正规比赛中以这种漂亮的方式入球的则不多见。容志行就身怀这种绝技。每当见到容志行以“倒挂金钩”入球时，球迷们无不大呼过瘾。因为这种入球，要有运动员不俗的身手、机敏的反应，在保护自己不受伤的同时又不能踢伤对手，还要对方的守门员扑救不了，得加上大大的运气才能一气呵成。

能以“倒挂金钩”的方式入球的中国球员并不多见，容志行能以这种方式入球，就很有一种万军之中取人首级如探囊取物般的名将风范，特别能长士气。

镜头三：“香蕉球”绝技

20世纪80年代初，中央电视台对中国足球队的比赛转播越来越多。每当中国队觅得罚角球的机会，解说员宋世雄就会用他那著名的大嗓门喊叫：“容志行要罚角球了！会不会是‘香蕉球’呢？”

>> 开罚角球的战术和脚法当然有不少，但容志行觉得如果能踢出各种各样的“香蕉球”，就会更加容易迷惑对方的防守球员。于是容志行反复研究、探索，希望能踢出一些像外国球员那种很有威胁的弧线角球。

电视观众也很期待，因为用“香蕉球”来开角球，是容志行的绝技。慑于容志行“香蕉球”的威力，对方的球员，特别是守门员会变得特别的紧张……

“香蕉球”踢出的皮球飞行轨迹带有明显的弧线，有如香蕉的形状，故得名。“香蕉球”一词在20世纪80年代初风靡中国传媒，原因就是当时容志行能踢得一脚精妙无比的“香蕉球”而蜚声足坛的。

“香蕉球”同直线球、前旋球、后旋球相比，具有变幻莫测的“时间差”“速度差”“落地反弹差”等特点，运用于比赛中，具有很大的隐蔽性、突然性、灵活性和攻击性，经常会有意想不到的效果。

开罚角球的战术和脚法当然有不少，但容志行觉得如果能踢出各种各样的“香蕉球”，就会更加容易迷惑对方的防守球员。于是容志行反复研究、探索，希望能踢出一些像外国球员那种很有威胁的弧线角球。

经过苦练，容志行果然能踢出“香蕉球”了。这种球使用内脚背或外脚背踢，开球时脚腕使劲摆动，踢出的球成弧形曲线前进，可以较为准确地到达预选的地点，有利于队友冲顶射门，而对手却难以判断球的飞行轨迹，特别是对方的守门员，有时不知道是出来扑球好还是不扑为好。

如果碰上身材高大的对手，中国的球员在高点抢顶上很难占到便宜。容志行若能开出低平的弧线球，就能让皮球在1.70米以下的低空穿缝插隙钻过人丛，叫对方徒呼奈何，从而使灵活的队友找到攻门的机会。

★容志行经典的“香蕉球”

那时，一般球队的角球都是用正脚背大力发出，让同伴冲顶。这种球速度快、落点准，很具威力，但球成直线飞行，对手也容易判断和争夺，对身材矮小的中国选手来说，特别是广东选手不大适用。容志行开发出“香蕉球”这种罚角球技术，丰富了球队的技战术。无论广东队还是国家队，容志行的“香蕉球”都能帮助球队破门得分。

1977年，由世界著名球星组成的美国宇宙队在上海以1∶2负于中国队。中国队进的第1球就是容志行开出“香蕉球”，蔡锦标摆渡，由迟尚斌射入的。

在世界杯复赛，中国队在吉隆坡对沙特阿拉伯队的两场球，最后1球都是由容志行开出“香蕉球”，分别由黄向东、蔡锦标打进的。

1980年12月24日，在香港举行的第十二届世界杯亚太区预选赛小组赛上，中国队碰上澳门队。双方的水平不在一个档次上，中国队排出433阵容，打得积极主动，中场拦截率高，澳门队在固守的基础上打反击，但均未能奏效。中国队胜得轻松，净胜对手3个球。其中第三个入球最为神奇：下半时58分钟，容志行开出又急又弯的角球，球呈弧线击中对方的门柱后落下，碰到对方后卫的身体入网。这是容志行在正式比赛中用“香蕉球”直接射入对方球门的经典之作，让许多人视容志行为足球偶像。

当然，容志行常常在发定位球时采用从左右两侧边绕过人墙的“香蕉球”，这也是他制造杀敌机会的重要手段之一。

>> 容志行常常在发定位球时采用从左右两侧边绕过人墙的“香蕉球”，这也是他制造杀敌机会的重要手段之一。

>> 杜智仁：1948年生于广州。1970年入选广东队，司职右边锋，以速度快、门前意识好而著称，球迷昵称其为“B仔”。杜智仁于1970年和容志行一起被名宿方纫秋相中，入选中国队。1975年广东队获得第三届全运会男足冠军时，杜智仁是阵中绝对主力，他和另一边锋欧伟庭组成“南派”足球典型的“两翼齐飞”。退役后，杜智仁为广州基层足球的培训贡献了不少力量。后移居香港。

镜头四：潇洒自如的“运输大队长”

踢足球的人常常戏称擅长传球的人做“运输大队长”。容志行就是一位潇洒自如的“运输大队长”。

容志行在场上的位置主要是前卫，负责组织进攻。他出色的控球技术、恰到好处的巧妙传球，使他在比赛时成为争夺和控制中场的好手。

广东队的锋将们都觉得和容志行一起踢球特别合拍，易于发挥水平。只要积极奔跑，占据有利位置，容志行就会不失时机地将球传到自己的脚下。

广东队右边锋杜智仁的速度飞快，善于抢占有利位置。在容志行的巧妙配合下，杜智仁的特长得到充分发挥，常能摧城拔寨，被誉为广东队的一把尖刀。杜智仁也总是说："有容志行在，我就有信心。"据统计，杜智仁射入的球，有一半是容志行"喂"（指"传送"）的。

广东队的名将何佳也很喜欢容志行的"喂波"，因为他传球的力度、位置，都很适合脚头特别硬的何佳发力抽射。

容志行这种巧妙的传球技术，是靠他在平日训练时演练出来的，且在实战中得到检验。

无论是在省队还是在国家队，容志行都会仔细观察和琢磨每个队友的技术特长，使自己的技术和队友的特点融为一体，在比赛中发挥出最高水平。

在球场上，善于传球的容志行更像是个大厨，他会用精妙的脚法将球像美食一般"喂"到队友身边。这个落点既使对手难以抢到，又利于队友进攻，非常对队友的胃口。

在国家队，左边锋杨玉敏有着百米11.2秒的超凡速度，这个速度可以让他比很多对手跑得快。容志行就会将球传到远处的开阔地域，以便杨玉敏充分发挥速度，摆脱对手后传中制造杀机。

古广明是容志行在省队和国家队的队友，容志行对他的特点非常了解。古广明绰号"古仔"，他身材单薄，个子不高，但突然起动的速率极高，短途跑疾如奔马，他的急起、急停灵活多变，像泥鳅一样的滑不溜手，非常善于带球过人。容志行就把球送到能诱使对方后卫先起动的地方，让古广明得球后一晃即过，然后狂飙底线传中或者切入禁区轰门。

跑位积极且门前争抢凶狠的广东队中锋魏崇金、擅长突然反插的前卫何佳常常得到容志行富有穿透力的"喂波"，屡有斩获。

第十二届世界杯亚太区复赛时，中国队对沙特阿拉伯队的第一场，下半场16分钟，队友从右路起球传中，球落在左侧门柱附近。容志行正好赶到，本来他是想用头球攻门的，但对方门将已经移过来封堵，如果他硬要射门就可能受阻。与此同时，身材高大、头球出色的高中锋陈金刚正从右路冲向球门。容志行巧妙地将球顶向右侧，

陈金刚用头一撞，球落入对方的网窝。

容志行这招佯攻实传，看出他的头脑非常清醒、灵活。

第十二届世界杯亚太区预赛中国队对朝鲜队比赛时，朝鲜队全线压出进攻，被容志行在中场把球截得。中国队的左翼队员箭一般沿边路急进，对手也以为容志行一定会将球传给杨玉敏。谁知容志行发现对方门将金昌根已经冲到禁区前沿，他立刻果断地大脚吊射球门。金昌根急忙后退，球擦门楣而过，虽然未能命中，却实实在在把对方吓了一大跳。

容志行这招佯传实攻，显示出他审时度势的大局观确实不凡。

视野广阔、反应迅速的容志行这种虚虚实实的传球，让球队战术变得丰富，更加富有战斗力。

传球有独到之处的容志行是一个非常称职的“运输大队长”，退役后，他曾经向后辈传授过传球的心得：“传球也要动脑筋，传球意识很重要。我的体会是，传球不是在静止的条件下能传到同伴脚下就算是好球。怎样的传球才算好球呢？要具备三个条件：一是同伴经过努力容易拿到；二是给对方造成威胁；三是让对方抢截困难。如果能把球传到这三者俱备的地方，那才能说传的是好球。有了上述的意识，脚下还得有过硬的功夫，特别是要苦练在对方严防的情况下，能够快速、隐蔽地把球传好的功夫，否则就会力不从心，再好的意识也要落空。”

这的确是经验之谈。

>> 何佳：1953年生于广州，司职前卫，属中场工兵型选手。他抢截能力强，且在场上的跑动极为积极。1974年入选中国青年队，1975年作为主力帮助广东队获得三运会足球冠军。当时，他和容志行、陈熙荣组成的中场体现出最典型的“南派”风格。1976年，何佳入选国家队，先后参加了第六届亚洲杯（1976年）、第八届亚运会（1980年）、第二十二届奥运会亚洲区预选赛（1980年）。1979年广东队获得全国甲级联赛冠军和首届省港杯冠军，何佳都担任队长。

>> 古广明：1959年1月31日出生，广州人。18岁时就入选了中国青年队，19岁时入选了国家队。曾参加过1982年西班牙与1986年墨西哥世界杯预选赛。在场上司职右边锋，速度奇快，是当时中国国家队不可或缺的一员。1985年因伤退出国家队。1987年到1993年效力于德国达姆施塔特队，曾在德乙联赛上风光一时。1993年至1995年担任国家队助教。1995年至1998年任广州松日俱乐部总经理。1998年出任古广明足球学校校长。2006年12月古广明出任广州广药队领队兼总教练。

3 以德服人：做球队的『大脑』

许多人都说容志行的技术是最好的。

对别人的恭维，容志行通常都不以为意。他说：“我只是有特点。一个高水平队伍的队员应该各有特点，有些抢截能力强，有些传球意识好，有些注意配合，我有我的特长，并不能说像我这样的水平就很高，那不是。体力方面，我就没有过去很多队员的好，但我的传球、前场突破、过人是我的长处。所以不能说什么都好，只能说是有特点。”

容志行个人的球技出色自不待言。他从不以明星自居。他知道足球是一个集体的项目，比赛是11个场上队员一起拼搏的，所以他非常强调集体的作用。

容志行以自己的亲和力，将球队捏成一个拳头，让球队三军用命，富有战斗力。他的这种作用，比他个人的技术能力所起的作用更强、更大。他恰如球队的一个“大脑”，是球队的灵魂。

“大脑”的作用一：以老带新，激励队友

1981年11月12日，在吉隆坡举行的第十二届世界杯亚太区决赛中，中国队遇上了沙特阿拉伯队。

沙特阿拉伯队由巴西教练执教，也属于技术型的球队，速度快捷，攻势旺盛，很有战斗力。

上半场10分钟左右，中国队的大门即被沙特阿拉伯队攻破，形势十分危急。

这一年，容志行已经33岁了，是国家队里年纪最大、资格最老、技术最佳、声誉最隆的队员。看见球队落后，容志行发力进攻。有几次他在前场截得足球后，发挥自己

★容志行与中国国家队原著名门将李富胜（右）

>> 他从不以明星自居。他知道足球是一个集体的项目，比赛是11个场上队员一起拼搏的，所以他非常强调集体的作用。

脚法好的特点，突入对方的大禁区然后传中，可惜都被强悍的对方球员阻挡了进攻。

半场落后两球，中国队教练做出了位置的调整。打前锋的容志行退后打中场，负责控球组织进攻。这一变化立即有了很好的效果。中国队在容志行的组织下发起了疯狂的进攻，可惜球中门柱、偏出或者被对方门将没收。但中国队已经不像之前那样被动挨打了，双方攻防战成均势。

下半场不久，中国队的高大前锋陈金刚被换上场。

15分钟左右，容志行在右路接到队友掷来的边线球，他机灵地带着球拐入对方的大禁区，在对方防守队员扑上来封堵时，他用右脚来了一记斜横传。这球像长了眼睛一般，刚好滚动到对方小禁区前的无人看守地带，说时迟那时快，中国队的悍将左树声狂飙般冲上来抢到了这个点，一记劲力十足的抽射，球应声入网。中国队追回了1球！

容志行这一冷静的传球，创造了中国队的进球，吹响了反攻的号角。

激战正酣，有一次，容志行带球突破重围后，突然将球妙传到沙特阿拉伯队的门前，占据了有利位置的陈金刚却把这个很有希望射入的球射飞了。作为前锋，是没有谁可以保证自己能将所有球都能踢进对方大门的。踢不中，倒是很正常的。但这时中国队却还是落后1球。教练换自己上来就是要进球！如果进了，就打成2：2了！可惜……陈金刚非常懊悔，这时，容志行向他示意不必太过自责。

陈金刚是刚入选国家队不久的新队员，当时只是个替补球员，最需要在比赛中建立信心。容志行非常了解这位年轻队员，他在母队天津队时就速度快，技术好。他身材高大，头球出色，进攻有威胁，得分能力强，门前把握机会比较冷静。只要耐心捕捉，还是有进球机会的。

这场比赛最终中国队以4：2逆转沙特阿拉伯队，战况激烈，堪称经典之战。虽然容志行没有入球，但他鼓励和激励队友，带领中国队连扳4球，是击败沙特阿拉伯队的功臣之一。

魏崇金是广东队的前锋，他的控球技术欠佳，常常失球，有时还会错失一些球迷们认为“必进”的球，大家对他很有意见。观众嘘声多了，对魏崇金也有不少影响，信心也没那么足了。

作为队中的老大哥，容志行十分关照魏崇金。比赛中，他经常传球给魏崇金，魏崇金也发挥自己肯跑善射的特点。虽然他常常射丢球，浪费了好多容志行的“心机”，但容志行从不埋怨他。容志行总是鼓励他，要他放开来打，不要怕丢球。魏崇金在容志行的鼓励下重拾信心，为广东队进了不少球，成为广东队的“福将”。

当有人嘲笑魏崇金技术不行时，容志行总是很认真地说：“魏崇金虽然细腻的技术不行，但向前拼抢，‘执死鸡’（指捡漏打门）的判断，争高球，我就不如他。”他非常善于发现队友的优点，在比赛中利用队友的这些优点，以争取全队的胜利。

广东队的许多新队员都得到过容志行的指点，所以他们都成长得很快。后来名满中国球坛的名将古广明也常常得到容志行的鼓励。

1978年，广东足球队边锋缺少人手，便将广东青年队的古广明调入。

古广明年轻，身体单薄，进入广东青年队才一年，让他来广东队打主力，很多人都担心18岁的古广明能不能担当大任。

由于身体对抗能力明显不是古广明的长处，所以最初他代表广东队出战时显得比较怯场。一见对方勇猛健壮的队员扑上来抢他的球，古广明往往本能地慌忙把球踢走，因此常常贻误战机。特别是当对方凶狠铲截时，古广明便像鸟一样飞起避开。

“惜身”的古广明这时成了广东队的“缺口”，他越是“怕死”，对方便越要从他这个弱点攻打广东队。

古广明之所以能上调到广东队，肯定有他的过人之处。教练就是看中他在广东青年队时有着很好的过人技术。只要他能克服“胆怯”的阴影，就能发挥出自己的特点。

容志行和陈熙荣等老队员没有埋怨古广明，照样给他传球，鼓励他大胆控球和过人。每场比赛后又帮他总结，肯定他的长处。

古广明在领队、教练和容志行等老队员的鼓励下，试着大胆带球过人，慢慢就变得得心应手了。信心大增的古广明以其快捷的过人、精准的下底传中技术打活了广东队的右路，在参加广东队不久的1979年他就被选入国家足球队。

1981年中国队以4∶2逆转沙特阿拉伯队的比赛中，正是古广明在下半场的22分钟打进了一记非常漂亮的凌空球，让中国队领先对手。他与容志行等队友一道压制了对手的反扑，最终取得胜利。

作为国家队和广东队的核心球员，容志行经常激励队友，和队友们协同作战，所以他赢得了队友们的敬重。

“大脑”的作用二：作风顽强，鼓舞士气

第十二届世界杯亚太区决赛时，中国队与新西兰队交锋。

两队第一场交锋是在1981年9月24日，中国队在北京的主场迎战新西兰队。

新西兰队是英式的踢法，队员高大，速度快，防守凶悍。中国队并不适应对手的踢法，虽然很努力，但没有占得太多优势。

对手发现中国队的容志行是球队的核心，是发起进攻的源头。下半场开场不久，容志行在中圈附近的无球情况下，突然受到对方的队长10号萨姆纳下“黑脚”。容志行被对方踢伤了踝关节，被担架抬出球场。

在队友们眼中，容志行是很内向的，平常是不爱流露感情的。他当时躺在担架上，血隔着纱布往外渗。他红着眼圈，声音也都变了，举着拳头冲左树声等队友喊：“咬住牙，拼了！”

容志行退场后，中国队尽力进攻，但没能占到便宜，双方0∶0打平。

赛后，医生核查容志行的伤情，发现他的右脚踝被踢裂了一个口子，缝了八针，

他需要休战。因此容志行错过了客场对新西兰队。这场比赛，中国队0∶1输掉。这一来，中国队在第十二届世界杯亚太区决赛的出线情势变得很不妙。

14天后，中国队要出战科威特队。容志行忍着伤痛，坚持要出赛。

那场比赛，中国队的第一个进球是容志行用头顶进的。身先士卒的他勇敢拼搏，大大鼓舞了队友，随后中国队又进了两球，最终以3∶0战胜了对手。

在完场前的10分钟，教练把容志行换了下来。容志行出场后就听到观众说感谢他，他的内心非常激动，到休息室后，他也经不住流下了热泪。后来，他又收到了很多来信，都是关心、慰问、鼓励他的。

足球是勇敢者的游戏，几乎没有哪个运动员是不受伤的。容志行是球队的核心人物，自然成为对手的“眼中钉”。能力高的对手，会重点盯防他，以限制他的作用。但更多的是那些能力低的对手，他们的能力比不上容志行，就不惜采用紧迫盯人战术，以抑制他的威胁。

好波的容志行挨踢的机会越来越多了。

1976年全国足球联赛在厦门市举行。一次，容志行带球突入禁区，被对方从后面横扫一脚，裁倒在地，前额破了个口子，鲜血沿着脸颊直流下来。包扎后他照样上场比赛，依旧勇敢地争抢，还用缠着绷带的脑袋顶球攻门……他的战斗作风十分顽强。

足球是激烈对抗的运动，允许合理冲撞，被对方撞倒、踢着不可避免。这当中，大部分是对手无意造成的，但也有一些是对方因为技术处于劣势而故意使用的心理战术。容志行认为：“后者说明对方缺乏信心，我方正好发挥自己技术上的优势，抓住战机，克敌制胜。如果畏缩或者动气，那就正中对方下怀了。”

容志行非常看不起那些蓄意伤人的踢法：“很浅显的道理，考虑到足球本身就是接触身体，激烈对抗。如果踢你一下就报复，自己就不会有真正的进步。我把这个当作前进动力，你踢我，我下次就不让你踢着，水平会上一个台阶。当年踢我的时候，后来他们就不好意思踢我了。他踢你，你反过来踢他，报复，性质更恶劣，观众会怎么想你？肯定会指责你。你报复了，和对方拉平，观众会认为你报复的行为更加恶劣。足球就是激烈对抗并且有很多的身体接触，做好了充分准备就踢足球，没有做好充分准备，就别踢。”

容志行常常受到对手的袭击，仍然能屹立球场，自然有一定的过硬功夫。

多年的球场经验，让容志行很自如地让自己避免受伤。像在不得已“对脚”时，他会发力，因为双方对脚同时使劲踢球，都不易受伤；但如果哪一方出脚慢，就很容

★ 手捧奖杯的容志行

易引起受伤。出于自我保护，容志行一般是不会与对手硬碰硬的。因为那是下策。他更多的是在对方企图运用粗野动作时，以技术巧妙地避开对手的攻击。

>> 容志行技术精湛，不惧对手的动作粗野；他即使受伤，也不轻言放弃。

容志行技术精湛，不惧对手的动作粗野；他即使受伤，也不轻言放弃。他有着只要还能站立就绝不倒下的意志，作风顽强，对鼓舞全队的士气起到了巨大的作用，队友们在容志行的帮助下也变得如虎添翼。

“大脑”的作用三：尊重裁判，不报复对手，集中精力打好球

1977年6月，广东队与一支球队进行比赛。容志行从边线内切，接得同伴来球，正要威胁对方球门，对方的防守队员飞步赶到，要人不要球，狠狠地踩中了容志行的大腿。他的腿顿时鲜血淋漓，痛苦得成了一个滚地葫芦，不住地在地上打滚。随队的军医看见容志行腿上那一寸多长的伤口，觉得事态严重，便叫人把他抬出场外。

对对方的粗野动作，队友们义愤填膺。容志行担忧队友们控制不住情绪要向对方报复，便对队友们说："我没事。你们继续比赛，注意动作（指不要报复）！"

广东队的队员冷静了下来，继续正常比赛。对方的守门员也觉得自己的队友太粗野了，便提醒同伴注意动作不要太大，对方一些动作比较粗野的队员也收敛多了。

赛后，体育部门的负责人表扬了广东队比赛作风端正，特别赞赏容志行专心比赛、不报复对手的正确比赛作风。

容志行认为，足球比赛中，球员的动作如过火是有裁判来处理的，如以黄牌、红牌惩罚粗野的球员。所以，双方球员是得到规则保护的。如对方动作粗野，自己也以粗野报复对方，就不是足球竞技了。

容志行说："我尽了一个足球运动员在球场该做的事情——人家踢你，我不报复；骂我，我不还口。做一个运动员，要认识到足球是一个比较激烈的对抗项目，在场上难免会出现碰撞，有一些人不小心踢到你了，应该把它看成是很正常的一件事。但是有一部分的运动员，他就没想到这个。人家一踢了，好像是人家有意踢的，我就非要报复你，非要踢你一脚，要不就没完了……"

"一定不能违背体育道德。"这是容志行常说的一句话。专心踢球、不报复对手是容志行的一贯比赛作风。在足球圈里，容志行的场上道德作风，有口皆碑。

容志行不仅尊重对手，而且还非常尊重裁判。

1976年，广东足球队去东南亚某国进行访问比赛。有一次，主队射门，球未入广东队的球门线，裁判员竟然判了对方得分。

广东队的守门员认为裁判不公平，抱着皮球不肯交出。但裁判员维持原判，场面很尴尬。这时，容志行跑到守门员跟前，从他手里取过足球，放到中圈，让比赛继续进行。

容志行顾全大局的举动，让队友们振奋精神。他们心往一处想：尽最大的努力，一定要把球赢回来。结果，这场球广东队既赢得了分数，又赢得了人心。

1981年1月18日，第三届省港杯足球赛第一场，裁判员判香港队守门员拖延开球时间，让广东队在对方禁区边缘主罚任意球。香港队队员不服，向裁判员提出抗议，场上的气氛很紧张。主罚任意球的容志行见此情况，有意把球一脚踢出底线。

当时，容志行考虑的是：与其靠一个有争议的球取胜而失去友谊，不如不要这个球而赢得友谊。容志行踢这一脚罚球很有"技巧"，球仅仅擦着对方的门柱飞出底线。让人觉得他想射入，但又"可惜"入不了……这球踢出界外之后，香港队上下齐

声赞扬容志行的风格高尚，他们的领队和教练还站起来鼓掌。因为懂球的行家都看得出容志行的处理技巧，明白他是不想激化矛盾，让双方将精力集中到比赛上来。容志行的这种处理方式，令场上的紧张气氛随即缓和了下来。赛后，省港两地的领导都称赞容志行识大体、顾大局。

裁判员会有不公平的判决，对手也有粗野的动作，这些在足球比赛中是常见的事情，作为运动员，应该排除这些干扰，尊重裁判，不报复对手，集中精力打好球。容志行是这么想的，也是带头这么做的。有他在的比赛，队友们都非常认真比赛，胸襟豁达的容志行常常令人钦佩。

>> “足球是集体项目，要靠全体队员的努力才能赢得胜利。只有把自己的力量糅合到集体中去，才能充分发挥水平。”这是容志行在无数战例中得出的深切体会。

“足球是集体项目，要靠全体队员的努力才能赢得胜利。只有把自己的力量糅合到集体中去，才能充分发挥水平。”这是容志行在无数战例中得出的深切体会。多年来，他总是以自己的模范行动去影响、带动队友。赢了球，他不居功；输了球，他不埋怨；出了差错，他主动承担；困难时刻，他挺身而出。

容志行加入广东队后，一向注重球德的他深受队友敬重。队友叶细权就动员容志行入党。容志行一开始并没加以考虑：“目前我只想集中精力踢好球。再说现在入党，我就变成技术党员。这不太好。我想等以后做了教练，党组织觉得我还适合，我再入吧！”因为忙，这事就拖了好几年。后来，国家队的领导也动员容志行入党，在北京甚至利用到广州冬训集训的机会，国家队的领导杨秀武常常找他谈心。国家体委的领导也找容志行谈心，鼓励他向党组织靠拢。1977年，容志行终于申请加入中国共产党，国家队的杨秀武、相恒庆作为容志行的入党介绍人。1978年，经过一年的试用期后，容志行终于成为一名光荣的中国共产党党员。

入党后的容志行注重在球队中发挥一个党员的榜样作用，更加注重球队的团队精神，尽量鼓励队友们发挥所

★ 容志行连过数人

长，努力争取胜利。

容志行非常清楚个人的特点只有与集体结合才能产生作用的关系。

著名散文家秦牧曾经问过容志行：“我再提一个问题，你的踢球本领很好，大家都知道。如果所有的队员都提高到你这样的水平，中国足球队是不是立刻就能够跃到世界前列呢？”

容志行回答说：“不，我不是这样看。每个足球运动员都是有所长也是有所短的，并不是在所有位置上他都能够踢得好。以我来说吧，我的长处是控球和传球，我的所短是抢夺和争顶。如果个个球员都像我一样，也并不能使整个足球队立刻跃居世界前列。我们的足球队，还要经历艰苦漫长的奋斗，才能够站到世界的前列。”

第七章
PART 7

与球王贝利交换战衣

足球比赛后队员交换战衣，是对对手尊重的行为。世界球王贝利在与容志行比赛后，主动找他交换球衣，成为绿茵场上的一段佳话。那是世界球王对亚洲球王容志行的嘉许。但容志行没有自矜，他依然故我地谦虚做人，努力踢球。谦虚让容志行不断进步；谦虚是容志行“善于战”的法宝之一。

1 与球王贝利惺惺相惜

1977年9月20日。上海江湾体育场。

中国队与美国宇宙队的第二场比赛在满场球迷的欢呼声中举行。

走在进入球场的队伍中，容志行充满了自信。因为不久前，两队在北京有过一次交手，双方令人意外地打成1∶1的平手。那一战，让中国队的球员对美国宇宙队有了新的认识：他们毕竟也是人，而不是神！所以对接下来的第二场比赛，容志行和队友们都信心十足。

美国宇宙队在20世纪80年代风靡世界足坛，这支球队曾经拥有贝利、贝肯鲍尔、内斯肯斯等退役的世界巨星，在美国掀起了足球旋风。

美国人最早的足球传统是从英国人那儿继承来的。1950年世界杯小组赛他们曾以1∶0击败过英格兰队，爆出过世界足球史上的大冷门，但足球在美国很快被美式橄榄球、棒球、冰球、篮球等热门项目取代。

20世纪60年代末，一些人开始尝试复兴美国足球。1971年，是一位负责组建球队的英国记者想到了“宇宙”这个名字。然后是兼任宇宙队老板的时代华纳公司老板罗斯斥巨资，甚至动用基辛格出面斡旋，在1975年请到了刚退役的球王贝利加盟。

继贝利之后，贝肯鲍尔、克鲁伊夫、内斯肯斯、尤西比奥、阿尔贝托等一批那个时代刚退役和即将退役的巨星云集北美足球联赛，贝利也扬言要“用足球征服美国”。一时间美国几乎成了与欧洲抗衡的足球圣地，当时宇宙队的一场比赛上座率为7万多人。1977年，贝利、贝肯鲍尔还率宇宙队夺得了北美联赛冠军，宇宙队达到了其光辉的顶点。正是在这一年，贝利和他的宇宙队来到了中国。

★ 容志行与球王贝利1981年在美国纽约合照

1977年，中美两国尚未建立外交关系，但双边在体育层面的交流已经展开。

宇宙队到中国不仅是世界足球的大事件，而且还是世界政治的大事件。它标志着刚从“文革”中走出来的中国正在拉开对外开放的大幕。当时的中国电视尚未普及，很多人只听说过球王贝利那如雷贯耳的名字，宇宙队的到来真如天神下凡一般引人关注。

因为那时候中国的开放程度还不高，也没有发达的通信设施，容志行也像许多人一样难以获得国际足坛的新动态，只是对贝利和贝肯鲍尔等足球明星稍有了解。不过，知道自己能够和这些如雷贯耳的世界级球星同场角逐，他还是很兴奋的。

在9月17日同美国宇宙队的第一场比赛中，中国队就攻进了对方1球：

在中国队的一次进攻中，宇宙队化解了中国队的包围。宇宙队向中国队发起反攻时，中国队的刘利福在前场截获了对方的来球。那时，贝利正好在他的前面。刘利福也顾不得多想他是不是球王，带球穿了他的裆，然后左脚

>> 贝利：1940年10月23日出生在巴西，是20世纪最伟大的体育明星，被国际足联授予“球王”称号。在职业生涯总共攻进1281个球，曾四次代表巴西国家队出战世界杯，并三次捧得世界杯（第六、七、九届）。被评为20世纪最杰出的运动员、世纪运动员、世纪最佳球员、史上最佳球员等。1977年10月1日退役。

>> 贝肯鲍尔：1945年9月11日出生，德国著名足球运动员、教练员，历任德国足协主席、国际足联执委。被世人尊称为“足球皇帝”。贝肯鲍尔球员时代是世界足坛最伟大的球员，贝肯鲍尔教练时代又是世界足坛最伟大的教练，分别率领俱乐部和国家队夺取联赛、欧战、世界杯冠军。1984年他被授予国际足联金质勋章，2004年FIFA国际足联百年庆典他与“球王”贝利共同获得FIFA世纪最佳球员和足球名人大奖。

外脚背远射。他的这一脚踢进的球力量不大，但很刁钻，并有些旋转，对方的守门员没来得及扑救，球进了球门的右下角！

哗！中国队竟然入球了！这是赛前许多人想都不敢想的。

这一战，中国队居然能和美国宇宙队打成平局！

容志行和队友们收获了一种信心：他们不是神，球王一样可以被我们中国的球员穿裆；他们的球门一样可以被我们攻破！

中国队同美国宇宙队的第二次较量终于到来了。中国的球迷因为中国队第一战取得不错的战绩，更加期待第二战了。

容志行明白，美国宇宙队远道而来，他们除了比赛，还出席了不少活动，像参观、接受采访等，是不可能全情投入去踢球的。但既然他们来了，中国队也难得有机会和这些明星级别的球员进行比赛，就应该抱着学习的心态，只有打出自己的水平，打出国威，才能迫使他们使出真功夫，这样的比赛才有价值。通过上一战的较量，可以看出美国宇宙队的明星虽然有不俗的技术，但他们显然已经过了竞技生涯的巅峰期。如果中国队发挥得好，是可以战胜他们的。

两队的第二场比赛如期在上海的江湾体育场进行。宇宙队是由不少退役明星组成的球队，战术素养很高，只是体力不够充沛，所以场上拼抢不凶，但传递配合层次分明，路线清楚。两队的进攻此起彼伏，门前的机会交替出现。快37岁的贝利跑动不太多，但接球后的技术动作和意识仍很见功底。

中国队仗着球员年轻，带着无畏的心态，向美国宇宙队发起攻击。

开场仅5分钟，中国队便获得罚角球的机会。

中国队主罚角球的是容志行。当容志行跑向角球旗时，观众们便兴奋地伸长脖子。他们知道罚角球制造杀机可是容志行的撒手锏呢！

容志行果然不负众望，他用力开出角球，那球像长了眼睛般准确地找到了后防大将蔡锦标。这位也是来自广东队的著名后卫，因为长年与容志行一齐训练和比赛，对彼此的球路非常熟悉。见容志行的角球发过来，蔡锦标用头球过渡了一下，球落在对方的球门区外。这时，中国队的迟尚斌步似流星般快速插上接应，他突然起脚劲射，没等对方的门将反应过来，球已从左上角飞进大门！

哗……中国队竟然率先入球了！江湾体育场霎时间像一个被烈火烧得火热的大鼎，人声鼎沸。球迷们疯了：中国队1∶0领先！

更加让球迷意想不到的是，在第37分钟，中国队的猛将迟尚斌在美国宇宙队的

★ 容志行与阿根廷著名足球运动员马拉多纳

禁区外踢出了一记妙传，由快马沈祥福接到传球后凌空打门，为中国队锦上添花。

第63分钟，贝利凭借直接任意球为宇宙队扳回一分。

…………

最终，这场振奋人心的比赛中国队以2∶1战胜了美国宇宙队。

贝利在赛后与容志行交换了球衣。

赢得了比赛，容志行自然很兴奋。特别是球王贝利表扬了他："在我来中国之前，还以为中国没有超级球星，11号的带球、射门和组织才能实在出色，是个了不起的球员。"

但兴奋过后，容志行也知道贝利是客气。因为那只是一场友谊赛，中国队的队员没有什么压力，而且对手都是世界级的大牌球星，中国队的队员觉得就算输了也属正常的，这反而让大伙都放得开了，敢打敢拼，发挥了自己的水平，和对手打了一场精彩的比赛。

>> 蔡锦标：1954年出生于广东梅州兴宁，司职盯人中卫。1973年入选广东青年队。1974年被苏永舜相中入选一队，1975年即成为后防主力，与老将梁德成一起镇守中路，为广东队夺得1975年的三运会冠军立下功劳。1976年入选国家队，至20世纪80年代初一直是国家队的主力中卫。擅长助攻、头球。

>> "10号"球衣：是球队中场核心的标志。自从贝利穿了10号球衣出名以后，"10号"球衣就代表球队的"核心"。足球场上的10号，应该是球队中场的中枢，是衔接后场与前场的纽带，是进攻的发起者与组织者，是技术全面能传能射的战士。贝利、马拉多纳、普拉蒂尼、济科、巴乔等人都是身披"10号"球衣的著名球星（马拉多纳当初也曾穿10号）。

和贝利面对面交手，也让容志行见识了这位世界级球王的技术果然了得，他能攻善传，临场的观察力很精到。因为球王的名气，他一拿球，就会受到对手的围攻，有时还会踢到他。但对自己被踢，贝利是没有一点要报复的意图，有着非常好的职业道德和比较高的职业素养。容志行对贝利是十分欣赏的，他们都是那种全力以赴去比赛的优秀球员。

也许是气质相近，球王贝利脱下他那件著名的“10号”球衣递给了容志行，而容志行也惺惺相惜，将自己的11号战衣交给了贝利。他们交换战衣的举动，成就了绿茵场上的又一段佳话。

以球王贝利当时在世界足坛的地位，他对容志行的赞赏，除了技术上的，还有精神层面上的。贝利称容志行是有灵魂的人，因为他在场上的风度和风范，体现出来的不仅仅是高超的足球艺术，还有高尚的道德情操。

多年后容志行回忆起这一段历史时说：“当时正好是一些世界球星退役的时候，美国为了发展自己的足球，就把贝利、贝肯鲍尔、贝托等著名球星请到美国。那时候美国的足球不行，贝利等人对美国足球的发展，不管用什么语言称赞都不过分，美国足球现在的水平是当年贝利他们给带来的。1977年我们国家队和美国宇宙队比赛的时候，是在上海江湾体育场，正好我和贝利一起走出去，就互换了球衣。”

从这段话中，可以感到容志行对球王贝利在足球领域的杰出贡献是非常欣赏的。他们彼此果然是识英雄重英雄。

球王贝利那件著名的“10号”球衣，被容志行带回广州好好收藏。

2010年广州亚运会举办前夕，广州开设了“广州亚运会筹办工作多功能展示厅”。为更好地宣传广州亚运会，作为“广州亚运会宣传大使”的容志行提供了贝利的“10号”球衣作为重要的展品。

媒体也重提了当年容志行和贝利交换球衣的佳话，许多年轻一辈的球迷都是冲着容志行和贝利的合照、贝利的签名球衣、容志行球衣等大量具有历史价值的珍贵体育文物而前来参观的。容志行为广东的体育文化增添了浓墨重彩的一笔。

2 对媒体的吹捧保持清醒的头脑

随着在绿茵场上的表现越来越好，容志行越来越受到球迷们的追捧。加上曾经获得球王贝利的称赞，容志行名气越来越大了。在球场上能运用左右脚自如地过人的容志行，却在生活中遇到强劲的对手——记者！

在容志行眼中，记者，特别是体育记者是一些令他望而生畏的“对手”。因为他们特别能缠，令他相当无奈。

记者号称“无冕之王”，他们身上有着“铁脚、马眼、神仙肚”的特点，当寻觅到采访对象时，他们的进攻简直就是水银泻地般无孔不入，让被采访者防不胜防。

容志行受到过不少记者给他带来的困扰。其实他并不是讨厌记者，他只是想专心打好球。

1980年，中国队在第十二届世界杯亚太区预选赛小组赛分组赛中表现优秀，大大刺激了中国人对足球的热情。当时，许多人都希望在报纸上能看到更多关于中国足球明星的报道，容志行作为绿茵场上的一代楷模，千万球迷崇拜的对象，人们都想知道有关他的种种“八卦”新闻。

读者有需求，报纸自然要回应了。这个写报道的任务就交给了体育记者。作为体坛热点人物的容志行是广东的子弟兵，一开始，广东的媒体都以为这种采访不太难，于是一腔热情去找容志行“聊聊天”。

可当体育记者在训练基地找到容志行时，他一听说要他谈自己，便又是摆手，又是摇头，说：“我现在很忙，等打完这几场球再谈好不好？”

容志行对采访的邀约一推再推，体育记者知道容志行是在玩缓兵之计。后来，他们甚至追到容志行家里，但他还是托故离开家了……

容志行的一再“突围”，让广东媒体觉得很奇怪：因为一个人再忙，也有喘气的时间啊！

容志行又要随国家队出征了，临走前，他留下一句话：“请你们原谅，现在实在思想压力太大。打胜仗回来，我和你们谈两天两夜都行。”

原来，容志行的所有推托，都是他的“假动作”。记者们了解到：中国队虽然打了几场好球，中国队的领导和容志行本人都觉得报纸的宣传过热了。他们认为，在取得最后胜利之前，在报纸上过多地说好话，容易使队员和读者陷入盲目性，对战事有弊无利！

尽管容志行说过以后可以和体育记者聊聊天，但他却很少这样做。对记者，他的原则是能避则避，能拖则拖。拖不了，就简单说几句，大多谈集体的功劳，很少说自己的业绩。

容志行对媒体的不合作态度，并不是他这个人爱矫情，其实是他为人谦逊的表现，也是他一以贯之的作风。他代表广东队战胜古巴队时，因表现出色，受到媒体的采访，他就说取胜是全队的功劳，特别是老队员做出了很多贡献，还建议记者去采访老队员。

一直以来，体育记者都说容志行“说得太少了”。

但容志行已经觉得自己说得太多了！

容志行越是不愿意多说，记者们越要挑战他，纷纷利用各种关系与他套近乎。

有位熟悉容志行的记者朋友知道要正儿八经去采访他，他一定不愿意讲自己的成绩。这位朋友便投其所好，知道容志行喜欢下象棋，便约他“交手”。

除了爱好下围棋，下中国象棋也是容志行的爱好之一。见朋友相约，容志行便兴致勃勃地和这位朋友玩起来。也许是容志行专心下棋，对朋友放松了警惕，在运子时，他也在毫无防备的情况下谈了一些个人的经历。没想到这些闲谈都变成“猛料”，后来都见了报。这时，容志行才知道着了朋友的道儿。

容志行很无奈地说：“我历来对新闻界的朋友抱有歉意，大家对我全都出于一片好心。但是，我一旦发现报刊上登了有关我的事情，就不禁心跳耳热，感到一种说不出的重压。足球是一个影响特大的集体项目，而我国的足球水平在世界上还排不上队，我实在笑不出来。”

尽管容志行对媒体记者严防死守，但他在球场上屡建奇功还是让他声名日隆。球迷们通过电视、广播，也了解到他的一些情况。他躲得了记者，但很难躲得开球迷。

1981年12月，容志行到吉隆坡参加中沙之役回来后，有一天和朋友到北京的一家饭店吃饭。刚坐下不久，就被邻桌的两位女球迷发现。她们立即过来和志行攀谈，索要签名。接着，许多顾客也发现了容志行，都拥到这张桌子附近。饭店经理知道足球明星容志行被围困，连忙将容志行和他的朋友请进单间，化解了这一场困局。

>> 黄德保：20世纪80年代中后期的广东足球名将，入选过国家队。代表广东队参加第五、六届全运会分别获亚军和冠军。他在场上的特点是技术细腻，头脑清醒，传球意识好，观察能力强。2009年获得“广东足球60年荣誉奖”。

躲开记者，躲开球迷，容志行还是躲不开球迷的来信“轰炸”。有一段时间，全国各地，甚至海外的同胞写来了大批信件。他们在信中，盛赞容志行的高超球技和优良作风，表扬他为祖国的荣誉而拼搏的精神，表达了对他的推崇和热爱。

容志行面对奔凑而来的荣誉、赞扬、鲜花、喝彩声，觉得既惊喜又惭愧。喜的是自己多年的努力能赢得人们的一致称赞和信赖；愧的是自己从事的中国足球事业未如人意，中国足球的水平非常有限。

一贯低调的容志行曾经对一位熟悉的老记者说：“就我的心愿，其一是不主张宣扬我个人的，因为足球是集体项目，每支队伍都是一个整体，个人只是其中一员，起到该起的作用罢了；其二，我国足球水平还很低，我们这些搞了一辈子足球的人，未能提高我国的足球水平，心有内疚，更应低调做人；其三，我们都是‘人’，是人就有七情六欲，就有不足之处，虽然几十年我努力做着我该做的工作，但是，党和人民却给予我这么高的评价，我真觉得受之有愧。”

面对媒体的吹捧，容志行不搞个人英雄主义，非常难得。他能够冷静地看到队友的优点和自己的不足，兢兢业业，勤勤恳恳。

容志行认为：“要培养运动员良好的职业道德，以及扎扎实实的基本功，认认真真去训练，以提高技术水平。只有这样才能在比赛中发挥出高水平。胜要胜得堂堂正正，输也要搏到尽。水平不高吸引不了人，打假球更没有

★ 容志行代表球队领取奖杯

人看。不靠外力，凭本领赢才能使人心服口服。搏到尽，水平发挥了，结果不理想也问心无愧，不脸红。比赛总有输赢，只要在公平竞争中尽了力，观众就会满意。”

容志行不喜欢媒体吹捧自己，就是希望运动员应该“归位”到本职工作中，他说：“媒体的采访无可厚非。但作为运动员，其天职就是踏踏实实地打败对手，用奖牌来证明自己的爱国主义之心。如果水平老是上不去却浪得虚名，那是清谈误国！”

容志行不喜欢炒作，他认认真真打球，踏踏实实做人。他以身教影响了一大批足球运动员。

像著名球员黄德保就说过：“行哥（指容志行）不但教会我踢球，更教会我做人，这使我受用一生。我一入二沙头广东足球队，就是行哥带我的。他经常教育我们，要踢好球，首先要老老实实地做人，只有学会了做人，才能提高足球技术水平。我这些年来，都是以行哥为榜样的。”

3 祖国需要我就上场拼

1978年4月19日，容志行随中国足球队来到南美的秘鲁进行访问比赛。

第一站是到一个叫契拉克约的城市。

契拉克约是一个高原城市，海拔2000米以上。当时那里的接待条件也不是很好。这些客观的条件，让很多来访的客队都在这里吃了败仗。当地人还比较自豪地说：“就连贝利效力的俱乐部也曾在这里被我们击败过！”

时年已经30岁的容志行要克服困难在这么高海拔的球场进行比赛，的确不易。

但容志行还是咬着牙坚持上场比赛。

对手是秘鲁的俱乐部冠军队阿乌利切队，本身就有着不俗的实力，加上天时地利人和，种种因素都占有上风，跨洋远道而来的中国队遇到了很大的困难。

上半场踢完，高原反应让容志行的身体很不适应。

中场休息的时候，容志行在休息室里一直吐胃液。但下半场，他又勇敢地站在了球场上。这场球，容志行足足拼了90分钟！经过他和队友们的艰苦奋战，中国队终于以3∶1战胜了阿乌利切队。

能在契拉克约这个“魔鬼”主场战胜对手，没有非常强大的必胜信念是很难做得到的。特别是年龄较大的容志行，克服自身的困难打完全场，这让当年中国队的副领队张俊秀非常感动，他对当年容志行奋勇拼搏的情景记忆犹新。他认为容志行在这场球体现出来的意志、拼劲，“单是这一点，就足够现在的足球运动员们好好学习”。

容志行对待比赛十分积极、努力，特别是对外国的球队，他是百分百投入。因为比赛的精神面貌和成绩会牵涉到国家的名誉啊！容志行知道中国的足球在世界上还是很落后的，所以他非常渴望打好比赛，为国争光。

容志行是很在乎祖国荣誉的运动员。

1972年6月，在北京举行全国五项球类运动会足球决赛中，广东足球队夺得亚军。9月，广东足球队获得外访参加比赛的机会，容志行随广东队开赴喀麦隆、赤道几内亚、刚果（布）访问，广东队取得了9战3胜4平2负的成绩。

球队的战绩还不错，这原本是件让人高兴的事，可容志行却有点闷闷不乐。

1972年，在国务院周恩来总理的拓展下，中国的外交有了新的进展，而体育一向是中国外交的“使者”，像著名的“乒乓外交”就是中国这种开展外交工作的代表作。当年，足球外访，也同样负有这种使命。

容志行作为广东足球队的一员，第一次出国比赛，却让他有点寒心：在其中的一个非洲国家进行比赛，容志行看到的是冷冷清清的看台！

可据说，那里的人民特别喜欢足球！

“我们来比赛，为什么有这么大的反差？”容志行思考起这个问题来了。

与中国乒乓球队取得的成就相比，中国足球队成就是有相当大的差距。中国的足球在当地没有号召力，是很正常的。但这种感受，深深地刺痛了容志行的心。

在容志行的眼里，足球不小，它关系到祖国的荣誉。

容志行暗下决心：一定要努力训练，以提高中国足球运动的技术水平，只要祖国需要，我就上场贡献自己的青春。

容志行说到做到，他非常认真地对待每一场对外国球队的比赛。

1974年年底到1975年年初，中国足球队访问越南。中国队在海防市同越南的一支球队比赛时，对手不断地对中国队的主力容志行采取恶意犯规战术，希望最大限度地限制他在场上的作用。容志行虽然很努力摆脱对手的缠绕，但对手技术不行便用“粗野”搭够（指补救），最终还是运用“超技术”将他的腿踢伤。在这种恶劣的比赛环境下，容志行仍旧头脑冷静，他坚持比赛，根本不与对手纠缠。

在广州，容志行经常收到从海外寄给他的信。其中有不少是介绍海外某足球明星获得重赏的剪报，甚至有一封以优异生活条件为饵，煽动他“投奔自由世界”的书信。容志行通常会将这些来信上交给组织。

作为华侨子弟，在种种诱惑面前，容志行是有条件到外面发展的。可在他身

★ 容志行（右一）在比赛中

上，更多的是作为中国运动员应有的志气和尊严。他更希望通过自己的努力，让中国的声誉更加美好，把祖国建设得更美好。容志行因自己是一个中国人而感到自豪，同时也意识到自己肩上的重任。

容志行以足球报国之心可见一斑。

>> 容志行暗下决心：一定要努力训练，以提高中国足球运动的技术水平，只要祖国需要，我就上场贡献自己的青春。

4 中国第五代球王

美国宇宙队离开中国之后不久，1977年10月1日，37岁的贝利在纽约巨人体育场举行了退役仪式，他代表宇宙队和巴西桑托斯队各踢了半场比赛。桑托斯是贝利足球生涯效力的唯一一个巴西俱乐部。

贝利离开绿茵场后，却为中国足坛留下了“球王”的话题。

容志行在1974年对香港队的比赛中，在禁区内连过3人后打进一记“世界波”，“亚洲球王”“中国球王”的话题便不绝于耳。

香港足球界有人评论容志行那一记漂亮的入球时说：“不一定只是球王贝利才能射这种球，中国人也能射这种球！”

香港的球评家也爱称容志行为“亚洲球王”。

后来，中国队竟然踢平甚至战胜了宇宙队，当时中国队中最闪耀的明星是容志行，随后几年，他都被称为“中国贝利”。

容志行很谦虚，这正是他的一种可贵的品格！对这些称呼他都觉得是“不敢当”的。而那时的中国媒体，也不强调个人英雄主义，倒是香港的媒体不吝惜赞美之辞。而这种大长中国人志气的爱称，却在中国球迷中大热、流行。

容志行是20世纪70年代中国足球技术的杰出代表人物。他左右脚并用，盘、传、射俱佳，德、才、智兼备，既善冲锋陷阵，也能挂帅领军。海外体育评论家赞誉他是“中国之宝”。

年维泗教练曾带中国队到德国参加训练、比赛，德国国家队助理教练里贝克前来参观。当年维泗教练告诉他容

★ 球王容志行所到之处都被球迷包围

>> 唐福祥：早年在香港参与足球活动。踢前卫，是全队攻防的核心，以技术全面、战术意识好、头脑冷静而赢得口碑，被誉为“中国第一代球王”。他曾任第二、三、四届远东运动会的足球“三连冠”——中国足球队的队长。1923年，赴美留学，并在美国组织了华人留学生足球队，被推举为队长。回国后，脱离体育界，任教于岭南大学。

>> 梁玉堂：广东人，司职右中卫，身高1.85米，头球好，球风斯文、潇洒，他的球技与球风堪称楷模，被称作“中国第二代球王”。1915年至1925年，十年内代表中国足球队参加第二至第七届远东运动会。曾任香港南华会队足球队队长。

>> 李惠堂（1905—1979）：为广东省梅州五华县的粤籍客家人。从17岁开始足球生涯，活跃于20世纪二三十年代的亚洲足坛，1928年被亚洲足协评为“亚洲球王”，被称为“中国第三代球王”。1976年8月13日，联邦德国《环球足球》杂志组织的世界球王评比活动，李惠堂同来自巴西的贝利、英国的马修斯、西班牙的斯蒂法诺、匈牙利的普斯卡什一起被评为“世界五大球王”。据统计他在各项足球比赛中，共射进1860个球。

志行曾连续三年荣膺“全国十佳运动员”时，里贝克甚至不太相信，认为像他这样一个身体素质不好、速度体能又不够突出的球员不应该成为中国杰出运动员的代表。但在观看了中国队和斯图加特一支城市球队的比赛之后，里贝克承认，虽然容志行在身体条件上不太突出，但确实头脑灵活、技术出众，奖项授予他是正确的。

球迷们感谢容志行，不仅仅是因为他表现了为祖国献身的精神，还因为他以精湛的技术敲开胜利的大门，为祖国争取了荣誉。

在容志行之前，中国足坛曾经出现过四代球王。容志行冒起后，中国足坛名将唐福祥、梁玉堂、李惠堂、张宏根和容志行被亚洲足球界称为“中国足球史上的五代球王”。其中除了张宏根外，其他四人都是广东籍的球星。

20世纪70年代的容志行，被称为中国国家队中最有想象力、最具创造性、最有足球意识及视野最开阔的队员，是名副其实的“中国第五代球王”。

第八章

PART 8

为中国足球打“争气波”

20世纪80年代初的那支中国足球队，是公认中国足球队的最高水平，因为队里有中国足球的灵魂人物容志行。他领军的中国队打了不少“争气波”，为中国体育界带来了无比的激情。球迷们胜也爱容志行，败也爱容志行，全因为容志行在中科之战、中新之战中尽显英雄本色。他为中国足球大打争气波的表现，成为“志行风格”的最佳注脚。

1 『中科之战』为国争光

1980年年底，中国队开始了征战第十二届世界杯足球赛亚太区预选赛的征程。

这一年的年底，容志行已经32岁了。

对体力要求很高的足球运动员来说，32岁应该是竞技运动生涯的“暮年”了。

容志行无比渴望改变中国足球的落后状况，多么渴望和队友们杀进世界杯，让中国足球在世界杯的大舞台亮相！

由于容志行在国家队里的重要作用，以及他的位置还未出现理想的接班人，当时便有球迷担心地传说“志行要收山了！”

容志行还是那个回答：“只要国家需要，我就打下去。”

当时年富力强的苏永舜教练从广州来到了北京，他被任命为中国足球队的教练。

这届国家队的任务很明确，就是剑指第十二届世界杯。

那时候中国队的信心挺大，他们在亚洲的战绩不错，是有信心争取世界杯一个席位的。

1979年9月8日，在世界大学生运动会上，第一次参加重大国际比赛的17岁中国跳水新星陈肖霞击败苏联名将卡列尼娜，夺得女子跳台跳水金牌。9月10日，《中国体育报》在刊登她夺冠的消息时，专门配发了一篇《冲出亚洲，走向世界》的评论文章，从此这个口号响彻中国。关心体育运动的人也越来越多，尤其是足球，球迷呼啦一下子就冒出来一大片。

“冲出亚洲，走向世界”这个口号是在当时中国体育事业不断进步、不断进取的背景下提出来的，中国的竞技成绩有了很大的提高，在世界上逐渐得到认可。而且在那年11月26日，国际奥委会恢复了中华人民共和国在该组织的合法席位，使得中国重返奥林匹克大家庭，令国人振奋。这个口号很快就超越了体育界，在各行各业引发人们的共鸣。这源于当时中国对外开放的大背景和广大群众的爱国热情——那时候的集体荣誉感和迫切希望走向世界、赶超世界一流水平的愿望非常强烈，这个口号切合了人们的诉求。

>> “冲出亚洲，走向世界”这个口号是在当时中国体育事业不断进步、不断进取的背景下提出来的，中国的竞技成绩有了很大的提高，在世界上逐渐得到认可。

在许多球迷心目中，中国队在亚洲属于强队，中国足球队也要“冲出亚洲，走向世界”！第十二届世界杯是中国足球队亮相的最佳舞台！

正是在这种大环境下，中国队开始了冲击世界杯之旅。

这支由主帅苏永舜打造的国家队可谓猛将如云，既有容志行、迟尚斌、李富胜、陈熙荣等老将压阵，又有古广明、陈金刚、左树声等新星。他们气势如虹，以1∶0战胜香港队、3∶0战胜澳门队、1∶0战胜日本队。在战胜日本队的比赛中，正是容志行在35米外闪过对方队员的防守来了一记劲射，球像炮弹一般直飞日本队大门的右上角，对方守门员横身飞扑也无济于事。这精彩至极的入球让人回味无穷。

第一轮比赛结果，中国队获第一小组第一名！

进入第二轮，中国队仍然势如破竹，他们以5∶4战胜香港队、4∶2击退亚洲劲敌朝鲜队。

最后，中国队、新西兰队、科威特队和沙特队获得世界杯亚太区四强复赛的机会。

按中国队赛前的“沙盘推演”，四强中，亚洲冠军科威特队实力最强，中国队要争取出线的两个名额中的一个，必须在与新西兰队、沙特队的比赛中获胜。

1981年9月24日，晚上19时30分。北京工人体育场。中国队主场迎战新西兰队。当晚，有近八万观众到场观战。

★ 容志行全力以赴，为祖国而战

观众的热情之高是历来罕见的，两元一张的门票，在场外被炒到了三四十元。

中国队穿全身红色球衣，两肩有金黄色将军授带状的条纹。新西兰队穿全身白色。

中国队的中锋陈金刚随着裁判员的哨声拨动了足球，比赛开始。中国队利用两翼快马沈祥福和古广明的穿插，展开地面进攻。新西兰队则利用4号布赖恩•特纳1.89米的身高优势，运用45度冲吊进攻。特纳原籍英格兰，曾在昆士柏流浪队（即QPR，也译：女王园林看守者队）踢球，1974—1979年曾在美国著名的纽约宇宙队担任奇纳利亚的替补，1981年4月才入籍新西兰。中国队派出头球防守最好的2号蔡锦标死盯特纳，而林乐丰则专门防守对方主要得分手9号史蒂夫•伍迪斯。

中国队15号古广明甚为活跃，多次在右边路为同伴创造机会。其中一次是他突破后传中，沈祥福在小禁区右角甩头攻门，正中对方门将威尔逊下怀。对方伍迪斯也有一次禁区前左脚冷射，球贴地疾飞，被守门员李富胜稳稳扑住。

上半场在平淡中结束。下半场开始后不久，中国队的组织核心18号容志行在中圈附近无球状况下，被对方队长10号萨姆纳踩伤，不得不中途退场。

在容志行下场之后的一段时间里，中国队曾打出两次小高潮。其中一次是林乐丰与古广明在右路做了个漂亮的小配合，古广明挑球妙传，林乐丰反插向前，与威尔逊在小禁区右侧形成一对一，但林乐丰未能大胆射门，而是向中路横传，球被对方断下。另一次是古广明在右路晃过对方一名后卫，下底传中，陈熙荣在罚球点附近跳起头球攻门，球打高了。

>> 容志行为了祖国的荣誉，奋不顾身地参加比赛。他非常活跃，完全忘记了自己的脚伤，走位很飘忽，忽左忽右，或者拉边或者切底，协同两翼突破传中，给同伴制造了一个又一个进攻的机会。

最后10多分钟，中国队体力明显下降，虽换上快马杨玉敏在前面左冲右突，但终归力不从心。

中国队以0∶0和新西兰队打平。这一战，中国队未能在主场取胜，失去了抢分的好机会，而最大的损失是中国队的中场核心容志行被对手踢伤。失去了容志行的中国队在1981年10月3日远赴客场奥克兰与新西兰队比赛，结果中国队以0∶1负于对手。

霎时间，中国队的处境变得非常危急了。

1981年10月18日，中国队在北京工人体育场与科威特队交战。

科威特队是刚拿了亚洲杯冠军的劲旅。中国队上下都明白：未能在竞争对手的新西兰队身上取得有利的分数，此战对科威特队，是这次世界杯亚太小组赛的生死之战！

科威特队在莫斯科的奥运会进入前八名，又是亚洲冠军，实力远在新西兰队之上。面对这样的劲敌，中国队能取胜吗？

中国队的形势，容志行非常清楚，他明白，如果此战再输，中国队进军西班牙（第十二届世界杯的主办国）的希望就要成为泡影了！

一想到这个糟糕的结果，容志行心痛啊！这种痛，甚至比被新西兰队员踢伤的脚踝还要痛。

这时，离上次被新西兰队员踢伤的时间只有14天，这对容志行的疗伤是很不利的。但容志行渴望上场，希望替中国队出战。为了能以一个好的状态上场比赛，容志行积极训练，虽然有点瘸，但他还是对上场比赛满怀信心。

比赛前，容志行再三找到苏永舜教练，要求上场。

苏永舜看着来请战的容志行，陷入苦苦的思索。

冒险让有伤的容志行上场，假如他力不从心，发挥不了正常的水平，中国队真是输不起啊！但如容志行不上，后果……

苏永舜想起了1976年的一段往事：那时，苏永舜任广东足球队的主教练，在迎战缅甸国家队、朝鲜国家队的比赛中，他就使用过被踩伤还未彻底痊愈的容志行，最终取得了胜利！

看着容志行坚毅的脸庞，对他知根知底的苏永舜决心复制当年的做法：让容志行带伤上场！

容志行是中国队的中场核心，有他在场上，会起到鼓舞军心的作用。当然，他有伤，得派人辅助他。容志行的意志和信心让教练组非常感动。苏永舜与张宏根教练经过深思熟虑后，建议把与沈祥福配合非常默契的刘利福调来助战。这个建议也获得足球名宿年维泗的赞许。

与科威特队的生死战，终于在万众期待中来临。比赛一开始，中国足球队不再如迎战新西兰队那样，只是稳妥地在中场倒脚试探对手，而是由沈祥福、容志行、古广明三位锋将发起抢攻。

这场球，通常打前卫的容志行被摆到中锋的位置上。

容志行的伤处刚刚生长起来的肌肉还很脆嫩，周围尚有粘连，韧带也未长牢。随队大夫一再叮嘱他不要突然起动，避免激烈碰撞，还用厚海绵和绷带包扎好伤处才让他上阵。

容志行上场后，毫不吝惜气力，在阵中勇敢冲杀，简直像没伤一样。其实他是强忍着疼痛，以巨大的意志力支撑着自己作战的。赛后有人问起他的伤情，他却说："没有什么。"也许是他不肯说，也许是他在比赛中全神贯注，早把痛苦抛到九霄云外去了。

容志行为了祖国的荣誉，奋不顾身地参加比赛。他非常活跃，完全忘记了自己的脚伤，走位很飘忽，忽左忽右，或者拉边或者切底，协同两翼突破传中，给同伴制造了一个又一个进攻的机会。

开场才4分钟，容志行从右路突破，入底传中。沈祥福在球门左柱前面抬脚迎球一垫，球闪电般向大门奔去。科威特队的门将飞身把球托出，逃过大难。

不久，容志行又在右路得球，他摆脱了对方两员后卫的夹击，直奔底线反身回传。沈祥福流星一般赶到，起脚就射，皮球打中对方后卫身上，再被科威特队的门将得到。

>> 在此战中先拔头筹的容志行成了全国球迷的超级偶像，正是因为他带伤作战、力斩亚洲雄狮科威特队于马下，率领中国队完成了看似不可能完成的任务！

科威特队的队员一开始还显得气定神闲，但很快就有点吃紧了。

中国队在陈熙荣、黄向东、刘利福几个中场队员的供应传球下，容志行、沈祥福、古广明三箭齐发，向科威特队的防线发动了一轮又一轮的快突与猛攻。

25分钟时，右翼古广明得陈熙荣直传，沿边线疾进，猛地一下传中，球的路线成半弧形穿越禁区上空。沈祥福像尖刀一样直插门前，把对方后卫压入禁区。刘利福在左侧无人地带截得皮球，迅速沉底传中。黄向东从中路冲向球门，吸引住科威特队的门将塔里布斯的注意，却让球漏过右边。这时，容志行拍马赶到右侧门柱附近，他高高跃起，用并不擅长的头球一顶入网，先开纪录。

作为亚洲第一流的球队，科威特队并不好惹，落后的他们立刻反扑，不久，即获得一个点球。中国队的门将李富胜神奇地扑住了这个点球。随后古广明利用反击的机会，在科威特队的门前射入1球，让整个看台的中国球迷欣喜若狂。

上半场结束，中国队竟然以2∶0领先科威特队！

下半场，为了改变落后的局面，科威特队全队压上发起猛攻。

有着两球垫底，中国队沉稳应战，比赛进行到70分钟，黄向东在中场抢球得手，给沈祥福送出了切入科威特队空档的黄金机会，沈祥福巧妙地将球射入。

中国队以3∶0领先科威特队！

见胜券在握，苏永舜将容志行换下。容志行绕场半圈走向休息室时，只见他走到哪边，哪边看台上的观众便热烈鼓掌欢呼高喊：“祖国感谢你”，“人民感谢你”！甚至看台上有人激动地喊出了“容志行万岁”！

在此战中先拔头筹的容志行成了全国球迷的超级偶像，正是因为他带伤作战、力斩亚洲雄狮科威特队于马下，率领中国队完成了看似不可能完成的任务！

比赛结束后，在全国许多城市里，鞭炮声、锣鼓声不绝于耳，无数青年自发上街游行，庆祝胜利。

北京的球迷们为庆祝中国足球队难得的胜利，集结起来，欢呼“振兴中华”的口号，赶到了龙潭湖畔中国队的宿舍大楼。

他们带来了真诚的谢意，让容志行感受到球迷们的热情。

以3∶0大胜科威特队后，中国挥师迎战沙特阿拉伯队。容志行和队友们两胜沙特阿拉伯队。那些胜利的晚上，中国国内十数座城市齐鸣鞭炮，数十万人上街游行，北京天安门广场上“中国足球队万岁”的呼声震天响。上海某大学有三名学生，欲做火把，苦于就近没有燃料，便随手点燃了自己的床单和枕巾上街庆祝。

当时，全国的球迷都认定：此次世界杯外围赛出线，胜利在望！

这三场漂亮的胜利，确实让处在困境中的中国队闯出了“柳暗花明又一村”的新境界。

球迷们感谢中国队，感谢容志行。容志行带伤上阵的献身精神感动了万千观众。特别是在与科威特的一场关键比赛中，他头球建功，为中国队以3∶0干净利落地战胜亚洲冠军科威特队立下汗马功劳。这一胜利，极大地振奋了民族精神，时至今日，这场比赛仍然是中国男子足球队的经典之战。

容志行收到全国各地球迷的来信，足足有几麻包袋。有些信中附有球迷的家庭“全家福”照片，要求容志行签名后寄回去。由于信太多了，内容都是一些称赞容志行的话。容志行选了一些解放军、教授、老师、学生、工人的信，回复了五六封。后来，他发现南京有位球迷将他的复信发表在报纸上，引来更多的来信。有些不理智的球迷则埋怨容志行为什么不给自己复信。容志行不胜其扰，后来干脆不再复信了。

容志行成了人们心中的英雄，他在比赛中所表现出来的高尚体育道德，被誉为“志行风格”，成为一笔宝贵的精神财富，为全国各行各业所发扬光大。比赛后，国家体委授予他体育荣誉奖。

2 距离世界杯一步之遥

中国队接连踢了几场好球，踢得痛快、漂亮。赢沙特阿拉伯队那场，就是上半场先以0∶2落后，下半场经教练调整战术，大家齐心协力，中国队一连进了四个球反败为胜的。

几场球下来，中国队的队员们都来了情绪，兴奋地说："这回非'进军西班牙'不可了！"

1981年11月30日，中国队前往科威特，客场挑战科威特队。这场比赛，中国队的队员们感到很难踢：中国队不能抢球，只要两人撞到一起，裁判就判中国队犯规；中国队还不能向前突破，一突破就吹你越位。

这样的球简直没法踢了，结果中国队以0∶1输给了科威特队。

这时，中国足球队结束了自己亚太赛区的全部比赛，成绩是3胜1平2负，积七分（当时的计分办法是胜2分，平1分，负0分）。而科威特、新西兰、沙特队都还各有两轮赛事，中国队能否出线的命运便完全操纵在别人的手里了。

而中国队的竞争对手新西兰队，五战，1胜3平1负，积5分，净胜球为零。

新西兰队要取代中国队进军西班牙，就必须在12月19日在利雅得净胜沙特阿拉伯队5球以上。

缺乏国际大赛经验的苏永舜教练认为中国队净胜球比新西兰队多五个，到西班牙去参加决赛的资格似乎十拿九稳，他暂时解散了球队，让队员们去休息。

原本新西兰队已经出线无望，但他们作客与科威特队踢成2∶2。接着新西兰队又"巧妙"地以5∶0战胜了沙特阿拉伯队。

这样，中国队和新西兰的积分和净胜球是一致的，两

★容志行（前排右五）是苏永舜（后排右一）执教的国家队的“灵魂”

队要在新加坡加赛一场，以决出哪支球队获得进军西班牙的资格。

无论是中国队的教练还是队员，都从电视上看到了这令人惊讶的一幕！

他们都是受到“友谊第一，比赛第二”教育的体育人，是很难理解“不讲体育道德”的那一套。其实，新西兰队和沙特阿拉伯队都是在规则范围内的“默契球”，是可以这么做的。“幸运”的是，沙特阿拉伯队只是“输”了5个球，如果他们多输一个，中国队连加赛的机会都没有！沙特阿拉伯队刚好输够5个球，让中国队与新西兰队再争出线权，这样，他们也不至于太得罪中国队，更没有违规，可谓用心良苦，算无遗策！

一时间，全国球迷个个气炸了肺，都说是之前中国队大胜沙特阿拉伯队，让他们很恼火，所以联手要“做掉”中国队。

当时的中国队确实不了解世界足球江湖的险恶，被动地接受了这一“加赛”的事实。

苏永舜教练仓促集合中国队的队员，但球队的整个精神状态都与原先有了很大距离。

1982年1月10日，中国队与新西兰队展开加赛大战。

比赛一开始便白热化，新西兰队凶狠的抢截动作，虽然被巴西裁判的哨音控制住而有所收敛，但贴身紧缠之势依然不减。上半场中国队以0∶1落后。下半场中国队的队员们都以一副“破釜沉舟”的架势跑上场去，但开局不久，又被对方前锋射入1球。比赛到了近75分钟，黄向东利用禁区外的定位球，直接硬射争回1球。但最终，仍是新西兰队取得了胜利。

>> 虽然他们在冲击世界杯的旅程中，以令人扼腕悲叹的方式倒在世界杯的门槛前，但整支球队以顽强的斗志和精湛的球技，打了多场漂亮的胜仗，这些精彩的“争气波”，极大地振奋了民族精神。

回国后，苏永舜在总结会上发言，一边说一边掉眼泪。他说：“不用强调客观，说到底，还是我们功夫不到。如果我们具有巴西队、联邦德国队那样的实力，人家再搞小动作也白搭。身为国家队教练，我对不起祖国，对不起在绿茵场上耗尽了青春的老队员。我个人最大的遗憾，是永远失去了率领中国足球队冲出亚洲的机会。”

随后，年龄较大的容志行也退出了中国足球队。

征战第十二届世界杯亚太赛区的中国足球队被誉为新中国成立以来最强的中国足球队，而容志行则是这支队伍里最闪耀的明星。虽然他们在冲击世界杯的旅程中，以令人扼腕悲叹的方式倒在世界杯的门槛前，但整支球队以顽强的斗志和精湛的球技，打了多场漂亮的胜仗，这些精彩的“争气波”，极大地振奋了民族精神。当中，中国队的容志行表现抢眼，成为人们心中的英雄。

尽管中国足球队眼看着可以冲出亚洲，但功亏一篑。不过，容志行的威名就成为那个时代国足最有代表性的记忆。

3 『志行风格』的确立

1979年，中国处于一个大变革的时期，人们在“文化大革命”中被禁锢的思想逐渐“解放”，一个“解放思想，拨乱反正”的时期到来了。

《中国体育报》为了迎接第四届全运会的到来，正准备宣传一些运动员的事迹。记者邱镇祁提出要写一篇反映足球运动员容志行的重点稿，后来他写了《足坛名将容志行》一文。当时他觉得容志行的人品、球风、精神已形成一种风格，但用什么词来定义这种风格呢？

冥思苦想中，邱镇祁突然想起在二沙头看广东队训练时，一些围观的球迷在议论“这就是容志行的风格”。他灵机一动，干脆就用“志行风格”，这样既新鲜又响亮。

大标题“足坛名将容志行”，最后一段小标题明确突出“志行风格”，这在当时是“犯忌”的。因为在当时中国运动员的名字是不上大标题的。

文章经国家体委常务副主任荣高棠审阅，他认为文章很好，标题也不必改动。

第二天《中国体育报》（1979年9月5日）刊出该文。

文章见报后，在体育界、新闻界引起了较大反响，尤其是“志行风格”的提法，以一个运动员的名字命名一种风格，确实有点“新鲜”。随着第四届全运会的到来，提倡运动员要有一个良好的体育道德作风，中央各大新闻单位，如新华社、《人民日报》、中央人民广播电台等都沿用并报道了“志行风格”。各地方报刊，尤其是容志行所在的广东省各新闻单位，也纷纷报道“志行风格”，并将其视为一名优秀运动员的行为标准，容志行也就成为大家学习的楷模。

“志行风格”提出不久，即迎来了中国队征战第十二

★ 容志行与国画大师关山月（右）

届世界杯的比赛。中国队在大胜科威特队、沙特阿拉伯队的几场大战中，带伤出战的容志行居功至伟，他的作风，他的技术，让中国队打出了精气神。从此，容志行的名字几乎无人不识，“志行风格”也广传华夏。

>> 艾青用诗的语言，颂扬容志行是中国足球队的灵魂人物，他带领球队为中国打了“争气波”，他是中国队矫健的雄鹰和勇敢的舵手，他给人们带来了欢乐，是“荣誉的象征”。

著名诗人艾青在看过容志行的比赛后，也体察到“容志行”这个名字是一个有着强烈时代感的符号，便豪情勃发地挥笔写下了诗作《容志行》：

在进攻和防御之间
千万双眼睛
集中在一个焦点
跳跃、飞奔像闪电

有胆略和勇敢
才能赢得胜利
胜利的组织者
荣誉的象征——

万花簇拥的名字
容志行!
像迎接将军凯旋
大海掀起欢呼的声浪……

在诗中，艾青用诗的语言，颂扬容志行是中国足球队的灵魂人物，他带领球队为中国打了“争气波”，他是中国队矫健的雄鹰和勇敢的舵手，他给人们带来了欢乐，是“荣誉的象征”。

尽管在许多中国队的队员看来，那一年中国队未能进入世界杯，是失败的；尽管容志行也认为自己是不光彩地结束国家队的生涯，但容志行的名字，已经跃出了体育界，而关于他的“志行风格”还引发了一场大讨论。

谈“志行风格”，是没有人反对的，但什么是“志行风格”则人言人殊。

有些人认为容志行“思想正派”：正义凛然、为国争光、为人谦虚、孝敬父母、尊重教练；

有些人觉得容志行“技术出色”：训练刻苦、钻研技术；

有些人被容志行“作风顽强”所感动：轻伤不下火线，不报复对手；

有些人欣赏容志行“比赛认真”：头脑冷静、顾全大局、尊重对手、尊重裁判，讲求团队精神；

有些人指出容志行“生活规律”：以身作则、遵守纪律。

…………

“志行风格”的内涵和外延都很庞杂，容志行自己也谈过这个话题。他说“志行风格”最主要的内容是：“我在体育场上从不搞报复，即使被人故意踢伤了，我也不搞报复，事情留待裁判员和观众来判断好了。我们是在进行体育比赛，假如大家都不守规矩，你踢了我，我就踢你，踢来踢去，体育场不就变成殴斗场了吗？有一种人技术差，风格低，凭本事赢不了人家，就出这么一套。但是这样的人，毕竟是很少很少

★ 容志行（右）与国际奥林匹克委员会委员霍震霆

的。”

提携容志行进入国家队的年维泗教练非常了解这位爱徒的球技、为人，他指出：“单单将‘志行风格’总结为‘受伤后不报复、良好的球场作风’是不全面的，而应该将‘志行风格’理解为思想、技术、作风、比赛、生活的有机结合和统一，方方面面综合之后，才形成了真正的‘志行风格’。”

>> 时间的流水会盖住许多纪录，却冲刷不掉这种风格。因此，“志行风格”比“志行技术”的生命力还要强大得多。

前国家体育总局局长刘鹏将“志行风格”高度地概括为：“一是爱祖国、爱人民的高尚情怀。为了祖国需要和

★ 让人难忘的“志行风格”

人民利益，义无反顾。二是坚定的理想信念和不懈的追求。立志高远，不甘人后，以出色的成绩实现人生价值，贡献社会。三是爱岗敬业的职业精神。既表现尊重规律，科学训练，精益求精，追求完美，又表现为胜不骄，败不馁，不松懈，不放弃，顽强拼搏，全力争胜。四是高尚的道德素养。尊重对手、尊重观众、尊重裁判，宁失一球，不伤一人，骂不还口，打不还手，同时又堂堂正正、正气凛然、不卑不亢，表现出一名新中国运动员的气度与尊严。做到既以精湛的技艺，同时更以高尚的品格为祖国、为人民赢得荣誉，实现品德与技术的完美结合。”他还认为：“‘志行风格’为社会所传颂，不但成为我国运动员的楷模，而且也成为各行各业学习的榜样。”

可以说，中国体育界唯一用个人名字命名的精神——“志行风格”并不过时，这一中国足球的宝贵财富，值得我们继续坚持并不断发扬光大。

确实，一个运动员能够建立殊勋，创造纪录，固然值得赞美。但能在体育竞技场上树立一种崇高风格，到处传为佳话，为人们所景仰和赞扬，并势将传之久远、蔚然成风，这就更值得赞美了。时间的流水会盖住许多纪录，却冲刷不掉这种风格。因此，“志行风格”比“志行技术”的生命力还要强大得多。

第九章

PART 9

低调的"孩子王"明星

容志行退役后，做了广东足球少年队的教练。在传授球技的同时，他非常注重传承"志行风格"。在他的指导下，球队获得亚洲少年冠军。

1 光彩的退役

1983年2月27日，35岁的容志行在广州的广东省人民体育场举行告别表演赛。

当天虽然是元宵节，但晚上仍然有两万多球迷入场观看了比赛。

当时，在中国举行足球运动员“告别赛”是一件新鲜事。容志行是第一个获得这种殊荣的中国足球运动员。

大批广东的球迷涌入球场参加容志行的退役仪式，是对这位为中国足球、广东足球做出巨大贡献的球星的致谢和祝福。

广东的球迷们不会忘记容志行给他们带来的欢乐，南粤子弟兵容志行那些为广东队征战的精彩画面，不住地在他们的脑海中飞掠——

球迷们不会忘记：1975年，容志行随广东队出战第三届全运会足球赛。这支广东队在苏永舜教练的调教下，既继承了传统的“南派”细腻打法，又融汇了凶猛快速的战术风格。拥有容志行、何佳、杜智仁、欧伟庭、叶细权等球星的广东队，在前三阶段的比赛中成绩优异，最后，广东队与辽宁队在闭幕式上进行冠军争夺战。双方以1∶1战平，并列获得冠军。

球迷们不会忘记：1979年的全国甲级联赛，正值第四届全运会年。当年的广东队实力相当不俗，全队由核心容志行挂帅，名将何锦伦、吴志英、古广明等个个状态上乘，在两个循环6个阶段的比赛中节节领先。最让球迷自豪的是，广东足球队在四运会后的十天，在武汉以3∶0大胜刚刚新鲜出炉的全运会足球冠军山东队。该役，广东队摆出一副誓要将山东大汉拉下马的架势，一开场就向对方猛攻。比赛中，容志行射入了第一球，最后，广东足球队以

★ 光荣的退役

积41分的优势首次获得全国甲级联赛的冠军。

球迷们不会忘记：1979年1月21日，首届“省港杯”（广东省足球协会、香港足球总会足球杯赛的简称）在越秀山体育场举行。开场仅3分钟，前卫容志行在右侧得球盘过对手，长传对方门前左侧，左翼欧伟庭如飞赶到，他凌空怒射破网，一箭定江山，1∶0，广东足球队取胜。第二回合，广东队在客场再胜香港队，以总分4∶1赢得了第一届“省港杯”。

…………

太多太多精彩的场面，容志行和他的队友们同心协力，他们大打攻势足球，成为绿茵场上的王者，将“南派”足球的旗帜尽情招展。

在这个告别赛的晚上，岂止球迷们激动！站在球场上的容志行，成为万人目光的焦点，他也心潮澎湃。面对盛大的退役仪式，容志行要感谢的人有很多很多。但他最想

>> 叶细权：1955年7月27日出生，广东梅县人。1971年入选广东青年足球队，1975年入选广东足球队，同年入选国家青年足球队，参加了第十七届在科威特举行的五洲青年足球锦标赛。1975年作为主力参加第三届全国运动会获得足球冠军（广东首次获全国冠军，并获国家运动健将称号），1979年代表广东参加全国甲级联赛获冠军，1987年任广东足球队领队兼教练获第三届全运会足球冠军。现任广东省体育局党组副书记。

>> 何锦伦：1955年9月4日出生，广东吴川人。1974年1月入选广东青年队，1976年1月入选广东足球队。1979年曾代表广东队获得全国甲级联赛冠军。退役后曾执教广东青年队、广东足球队。2009年获得由广东省体育局等组织评选的“广东足球60年荣誉奖”。

>> 吴志英：1953年出生于广州。在场上司职中后卫或边后卫，特点是防守能力强，出脚准确，长传球较准。1971年，吴志英进入广东队，代表广东队参加了1975年第三届全运会。曾经入选过国家二队。1979年，作为主力代表广东队获得了全国足球甲级联赛的冠军。在广东队退役后，吴志英去香港踢球并定居。

感谢的，是积累和传承了“南派”技术的历代广东足球前辈们，是引导他踢球的父亲，是帮助他成才的各级教练们。

赛前举行了隆重的仪式，广东省副省长杨康华代表主办单位向容志行赠送了写有“志行风格”4个大字的织金大花瓶，瓶的背面则有广东著名诗人刘逸生的一首题诗：

绿茵场上举银杯，
万众欢呼势若雷。
都爱志行风格好，
德才兼备是人才。

容志行高举奖杯，对党和政府的关怀表示感谢。他随即郑重地把花瓶奖杯转送给少年足球运动员的代表，表示寄望于下一代。主办单位的负责人和广州市青少年的代表为容志行挂上鲜艳的花环，敬献馨香的花束。容志行把花环和一束束鲜花抛向看台，以表示光荣归于广大支持他的球迷，归于哺育他成长的广东父老们。

在随后的告别赛中，容志行身穿“11号”球衣，分别代表广东队和中国青年队比赛。容志行在比赛中上下半场各进1球，最终双方以2：2战平。

告别赛后，容志行把这场赛事的全部门票收入以及赞助单位的全部赞助款项，都用来购买足球，分别赠给省内足球运动开展得比较好的中小学，以便培养出更多的足球新秀。

连续3年被评为“全国十佳运动员”之一的容志行退役并不算是一件小事，许多报刊都报道了表彰他为发展中国足球运动做出贡献的“容志行告别赛”。为运动员举办告别赛，这在中国体坛还是第一次。

容志行是值得这种尊重的。

2 忙碌的『孩子王』

其实，在举行“容志行告别赛”之前，容志行已经在一年前就退役了。

1982年1月10日，中国队与新西兰队决战于新加坡，最终中国队以1球饮恨，功亏一篑。国内外同胞和友好人士同声惋惜！

容志行最终未能完成自己的世界杯之梦。

回国总结后不久，中国足球队准备去印度参加国际邀请赛，容志行向领导提出了退役的请求。

容志行有这个决定，人们并不奇怪。虽然他在场上还很起作用，而达到他那种能力的接班人也没出现，但容志行要退役，还是那么的让人不舍。

没有人比容志行更加清楚自己的状况。那时，他就快34岁了。体育运动是靠体能做基础的，没有体能支撑的任何技术、意识都是空谈。容志行对国家队的领导说：“我与其继续占着这个位置，不如尽早退下来，让新生力量更快地成长！”

国家队的领导知道容志行的每一个决定都是经过深思熟虑的，他的退役申请毫无矫情的成分。他们觉得如果4年后，仍然让“年迈”的容志行在下届世界杯为国争光，是不现实的。

容志行认为既然自己冲不上去了，就应该“退位让贤”，让新手早日挑起重担，在战火中多经受一些锻炼，加速他们的成长。这同样是“志行风格”的体现——注重集体荣誉，顾全大局！

容志行从北京回到广州。休息了一段日子，他悄悄地来到了二沙头的广东省足球三队（少年队），做起了“孩子王”。

★ 容志行积极参与培养小足球运动员

从小就爱踢球的容志行最明白一个道理：要彻底改变中国足球运动的落后状况，必须从少年儿童抓起。

容志行不停地告诉自己：从球场上下来，我已经不是什么大明星！

容志行最大的心愿是做一名教练，去实实在在地教小孩踢球，认认真真地去从事培育足球幼苗的基础工作。

1982年3月8日，广东省体委（即今广东省体育局）任命他为广东省足球三队的教练。

面对着三队的小足球运动员，容志行很感慨。因为他从他们的眼神中看出他们是多么热爱足球。他仿佛又看到了从前的自己，那个在纪念堂前、牛奶厂街的街道、宝岗体校的沙地球场踢球的自己。

“我不能辜负他们对足球的期望！”容志行感到自己肩头的压力更重了。

“足球要打翻身仗必须从娃娃抓起。”这是当时足球界的共识。

在征战第十二届世界杯期间，容志行也谈到了足球运动员要从小培养的问题，他的感受，刊登在1981年6月25日的《人民日报》上：

>> 容志行最大的心愿是做一名教练，去实实在在地教小孩踢球，认认真真地去从事培育足球幼苗的基础工作。

足球被称为世界第一体育运动。在世界上，足球拥有最多的观众，影响最大。可惜我国足球运动的发展还比较落后，距离党和广大群众的要求还比较大。在庆祝党的60周年的时候，我作为一名党员，又作为一个直接从事足球事业的运动员，心里感到不安。

如何把我国足球运动搞上去呢？这是一个很大的题目，需要专门来讨论：我提一点，就是希望广大的中小学校都把足球活动开展起来。足球人才需要从小抓起，从小培养。邓小平同志说，足球运动员不从娃娃抓起是不行的。我从自己的成长中体会到，邓小平同志的话说到了要害处，抓住了关键。世界上著名的足球运动员，没有不是从小开始培养的。足球运动场地大，比赛时间长，奔跑激烈，规则又允许有合理的冲撞。足球运动的这些特点，就决定了足球运动人才的选拔、培养和成长，同其他体育项目比较更困难一些，因此，也更需要从小抓起，从早培养。我以为，只有在成千成万的广大青少年中把足球运动活跃地开展起来，才能涌现出大批的足球人才，才有可能造就出像贝利等人那样的世界一流足球明星……

★ 1982年9月10日，容志行在广东省湛江市赤坎进行足球指导

如今，退役后的容志行真的要面对足球要“从娃娃抓起”这个问题了。

从绿茵场上光芒四射的球星，要转变为一名教练员，容志行知道自己将面临很多困难。但此刻，他只有一个坚定的信念：要带好这帮小队员！

这帮小队员，都是陈汉粦等教练在1980年跑遍了广东全省，从各地业余体校挑选的一批足球苗子。14岁至16岁的他们组成了广东足球少年队，在二沙头体育训练基地集训了一年多之后，由容志行接手担任教练。

容志行带队时，早就放下著名球星、人大代表的身份；也拂去媒体给他的种种神奇光环。他告诉自己：我只是一个新“教头”而已。

容志行白天和队员们一起练球，晚上有时也和他们生活在一起。星期天一早，容志行也来到球场边看队员们加练。

容志行对小队员很严格，他觉得这是对小队员的未来负责任。严格，是对队员的尊重。

★ “富力杯”广东大学生足球挑战赛闭幕式上，容志行为获奖球队和选手颁奖

训练中，容志行狠抓基本技术和意识的训练。

有一次，容志行要学员高速带球，连做两个假动作然后推球过人。有的学员却只做一个假动作便推球前进。容志行马上叫停，要他们按照要求重做，一直做到人人都符合要求为止。发现有谁不认真完成要求，容志行就罚他们绕着球场跑圈。

容志行的教学抓技术，也抓作风。他对队员们说：“在球场上，技术上出差错可以原谅；不努力作战、道德作风不好，必须严厉批评。”他教导说：“被人踢着不要埋怨对手，应该怨自己技术不到家。如果对方有意伤人，连观众都会鄙视他。这种人，不屑和他计较。”

容志行知道，要使孩子们成长为优秀运动员，教练不但要管好场上，而且还要管好场下。他和领队给孩子们制

>> 平时，容志行口里绝少讲“志行风格”，他是用行动践行这种风格的，他要求队员讲纪律，讲作风，学文化，练技术，永远保持进取心……潜移默化，他将这些理念注入队员们的血液之中。

定了严格的纪律：起床后15分钟，必须整理好内务，集合出操；晚上9时半，再好的电视节目也不准看，必须关灯睡觉……

在容志行的严格管理下，广东足球少年队纪律严明。容志行保持一贯为人谦虚的态度，他和领队互相尊重，互相支持，队伍的训练和管理工作搞得有声有色，全队团结互助的气氛很浓。

训练之余，容志行会和队员们谈心，他说：“现在这样好的条件，你们不抓紧学习，将来要后悔的。我以前做得不够，吃了亏，上国家队以后才认识到学习的重要。你们现在经常做笔记、写日记，将来很有用，可以帮助你们积累许多宝贵的资料和经验。”

容志行对队员们要求这么严格，是有他的想法的。他不止一次地对孩子们说：“希望你们超过我的水平。你们不要等一队的哥哥们超龄后自然接班，你们要大大超过他们的水平去抢班……”

平时，容志行口里绝少讲“志行风格”，他是用行动践行这种风格的，他要求队员讲纪律，讲作风，学文化，练技术，永远保持进取心……潜移默化，他将这些理念注入队员们的血液之中。

对容志行做教练的投入，那些受过他指教的队员无不感受到他身上有着一团火，那是他对中国足球充满热情的火！

广东省体委十分重视对广东足球少年队的培养。容志行担任主教练不久，体委就让他带队到广东各地访问，一面选苗充实队伍，一面通过实战锻炼球队。

容志行教练在领军出征中经常要求大家珍惜机会，主动吃点苦头。他们的足迹几乎遍及省内各地区。

广东足球少年队在征战中捷报频传，有的队员骄傲起来。容志行就再三提醒大家：南征北战的目的，是向当地少年足球劲旅取经，经风雨见世面，而不能自满。

容志行还有意率队向华南理工学院、华南师范大学、暨南大学等大学生球队挑战，让小队员与大哥哥们拼杀，培养敢于打强队的精神。

在连续作战中，容志行言传身教，几乎每场球都下场当个普通队员参加比赛，为小队员们穿针引线。他还经常变换位置，让每个队员都能从他的示范动作中吸收自己缺少的东西。

“心中只有足球”——这是容志行少年时代的生活写照。今天，他也这样要求队员。他要求队员竭尽全力打好每一场球。

容志行在教案里有针对性地提出：少年足球队任重道远，要把目标放远一些；要以一队老大哥的水平作为追赶的目标，还要超过老一辈，以国际先进水平要求自己。领队也常向队员们讲述容教练驰骋沙场、流尽汗水为祖国打好每一场球的生动战例和拼搏精神。因此，广东足球少年队进步很快。他们阵容整齐，有一定的速度，技术细腻，作风勇猛。1982年在广东省跃进杯赛与省中心体校、梅县等六个队的较量中，广东足球少年队获得六战六胜的优异成绩。

>> 容志行在教案里有针对性地提出：少年足球队任重道远，要把目标放远一些；要以一队老大哥的水平作为追赶的目标，还要超过老一辈，以国际先进水平要求自己。

1983年6月，广东足球少年队参加在香港举行的亚洲少年（16岁以下）足球邀请赛，连挫日本等强队，以5战5捷的优异成绩夺得这项赛事的冠军，在中国少年足球运动史册上写下了光辉的一页。

虽然取得了不错的成绩，但“孩子王”容志行仍然很低调。后来，因为工作需要，容志行离开了工作一年半的广东足球少年队教练的岗位。

1986年，以广东足球少年队为班底的广东二队在南京参加第三届足协杯，他们以6：4战胜了1985年甲级联赛名列第九的天津东亚队，从而跻入全国高水平的足协杯赛四强之列，特别引人注目。

第十章
PART 10

“志行风格”永不过时

容志行后来担任行政工作，因为不在其位，所以他鲜有对中国足球公开发表意见。2008年退休后，特别是胡锦涛同志接见了容志行之后，这位真正的足球人再也坐不住了。他频繁出席各种足球活动，特别热心辅导青少年的足球运动。而社会也给予了他更多的荣誉。在中国足球低迷的现今，“志行风格”是重振中国足球的精神支柱。

1 重提那个『圆东西』

“广东足球60年十大最受欢迎球员：容志行！”

“广东足球60年突出贡献奖：容志行！”

2009年9月29日。在“广东足球60年颁奖典礼”的会场上，当主办单位宣读获奖名单时，“容志行”的名字两度被读出。“啪啪啪……”现场响起了热烈的掌声，大家都认为容志行的得奖实至名归。

容志行挂靴后，一度担任广东省少年足球队的教练，后又任广东省体工队党委副书记、书记。1991年，容志行到了深圳，任深圳市体委主任。2003年，他卸任深圳体委主任，到了深圳市政协。2008年，容志行年届60岁退休。

容志行很有名气，但成名这么多年来，容志行的低调也是非常出名的。

之所以不想接受记者采访，原因是容志行认为：一来足球是集体项目，个人只是其中一员，起到该起的作用罢了；二是中国足球水平还很低，像他这样从事了一辈子足球的人，未能提高中国足球的水平，心中常怀内疚。

离开教练第一线后，容志行就更少公开谈论足球了，因为中国足球的发展状况让他很失望。他以前不止一次说过：“中国足球的重中之重是抓青少年足球，关键是抓好8岁到10岁这个年龄段的孩子的培训。政府、足协要花大力气做好青少年足球培训，让更多的青少年投身到足球运动中来，这样足球事业才会有发展。但现实的问题是，这个年龄段孩子哪有时间和机会去踢球？在现行的教育体制下，孩子不能自由选择，也找不到可以踢球的地方，还有足球环境也让家长望而却步。”容志行说了也没用，也就不想多说了。

20多年来，容志行想让自己隐身在人海，想让人们忘

★ 容志行与德国著名足球运动员贝肯鲍尔合照

>> 在20世纪七八十年代，他作为当时中国足球界的领军人物，代表广东队和国家队立下战功无数。除了技艺超群外，他还在场上体现出优秀的体育道德风范，被国家以他的名字命名为“志行风格”，从而成为各行各业的学习榜样，这在中国体育界也是绝无仅有的荣誉！

记那个“明星”的自己。不接受采访，已经成为新的“志行风格”。

私下里，容志行会与志同道合的朋友谈谈那个圆圆的足球，但在公开的场合很少谈论中国足球。

一方面，在媒体上很难看到容志行对中国足球的观感；另一方面，是万千球迷，特别是广东球迷对容志行的无限怀念。

球迷们毫不掩饰自己对容志行的热爱，因为这位土生土长的广东子弟兵，曾经带给大家许多的欢乐，许多的荣光。在当今中国足球越来越不济的时候，人们越来越怀念容志行。2009年6月推出的“广东足球60年60杰暨十大最受欢迎球员评选”这一活动，给了球迷们一个情感宣泄的渠道。球迷们在缅怀为广东足球做出过重大贡献的部分球员和教练的同时，纷纷将“突出贡献奖”的票投给了容志行。因为他是新中国成立60年来中国体育界的楷模级人物。在20世纪七八十年代，他作为当时中国足球界的领军人物，代表广东队和国家队立下战功无数。除了技艺超群外，他还在场上体现出优秀的体育道德风范，被国家以他的名字命名为“志行风格”，从而成为各行各业的学习榜样，这在中国体育界也是绝无仅有的荣誉！

在颁奖晚会上容志行发言时说：“自从踏入足球门槛，到退下来以来已经20多年了，最近时间多了，就到各个地方去看看……现在中国足球确实走到低谷，确实全国人民不满意，我们自己也不满意，其实我今天站在这里，心情非常激动，但又非常惭愧。我们过去只是做了自己应该做的事情，但今天我们对于这种局面，大家应该动员起来，我前段时间也讲过，足球有难、匹夫有责。因为足球这个项目对于世界影响最大，爱好的人最多，球迷人数是最多，我们搞不上去，国民是不满意的。今天在座的大部分都是搞足球的人，虽然我们年龄都比较大了，但有些还是年轻的，可以把足球事业更上一层楼，搞得兴旺发达。在新中国60华诞前夕搞这个活动，我在这里也向我们的母亲我的祖国表达祝福，祝我们的国家更加富强，祝我们的人民更加安康。”容志行这慷慨激昂又发自肺腑的发言，让全场足球人和观众都送上了热烈的掌声。

一人揽得“十大最受欢迎球员”“突出贡献奖”的容志行很感动，他知道，正是那个“圆东西”成就了这一切，他的生命，也离不开这个“圆东西”！

“广东足球60年颁奖典礼”后不久，2009年10月11日，容志行突然接到电话通知，让他赶到山东省济南市，说中央领导要接见运动员代表。

10月16日下午4点多钟，在第十一届全国运动会即将开幕之际，时任中共中央总书记、国家主席、中央军委主席的胡锦涛接见了新中国体育发展60年来涌现出的优秀运动员和教练员代表、全国群众体育先进单位和先进个人代表、全国体育系统先进集体和先进工作者代表。

被接见的共有28个教练和运动员代表，容志行很荣幸地坐到了第一排。胡总书记进来的时候，跟代表们逐一握手，跟每个人讲了话。

容志行当时心情非常激动，也很不安。激动的是他第一次面对面见到中国国家最高领导人，不安是因为他旁边都是共和国60年以来为国家确实做了重大贡献的运动员，他们都是多次破世界纪录的奥运冠军，确确实实为国家争光、做了重大贡献。

胡总书记接见原中国足球队中场核心容志行时，握着他的手说：“中国足球还要继续发扬‘志行风格’。”

容志行本人是比较抗拒“志行风格”这种叫法的，他认为是“过奖了”，对他的评价太高了，竟形成一个风格！

没想到胡总书记重新提起“志行风格”，这让容志行很感慨。

★ 容志行全家

中国足球的职业化改革多年，足球水平就是上不去，而且假球、黑哨、假年龄等问题不少。在青少年足球的建设上也成效不大……作为真正的足球人，容志行坐不住了。

>> 虽然中国足球的水平很不济，但胡总书记重提辨识度很高的“志行风格”，在不缺金钱、只缺精神的足球界还是激起很大反响。

虽然中国足球的水平很不济，但胡总书记重提辨识度很高的“志行风格”，在不缺金钱、只缺精神的足球界还是激起很大反响。足球是世界第一大运动，中国足球的水平实在与中国全面崛起的形象不相称。

在济南，容志行打破近30年来不与媒体谈中国足球的惯例，接受了媒体的采访。

容志行说：“现在中央主要领导对足球这么关心，对中国足球水平的提高和发展，我充满信心。有很多人说中国足球要发展、要从娃娃抓起，多年以前我们的总书记小平同志也讲从娃娃抓起，讲了好多年了，到现在足球的水平还是这样。我们看了心里很不安。作为一个老足球工作者，我从事足球18年。虽然后来搞了行政工作，但是心里一直惦记着足球，由于工作关系看足球少了，但经常关心它。现在说从娃娃抓起，讲是讲了，但很多地方还很难落实，比如说抓基础足球教育的教练，应该是一个好的教练，不能说因为基础就随便一个人去教，这样到时候球员基础没有打好，以后发展水平也不会很高。所以我想从娃娃抓起，必须有好的教练。搞好这个基础，那以后发展的潜力、前景都是非常好的，也非常大。”

已经退休的容志行有更多的时间关心足球了。

那个活泼的足球，是从来都没有在容志行意识的草坪上停顿；那个曾经不愿意提起的“圆东西”，又活蹦乱跳地回到容志行的嘴边。他不光说足球，还经常深入广东的梅州等足球群众基础不错的地区，去关心、辅导从事足球运动的青少年。因为容志行相信，中国足球的希望在青少年的身上。

2 又见志行，又见志行

2010年11月12日的夜晚，45条巡彩游船载着45个国家的运动员，穿越两岸华灯映照的珠江，昔日万国来商、千帆并举的胜景此刻再现；广东民谣《落雨大》在一片翠绿的“芭蕉叶”上响起，那纯真的童声，将岭南风情，伴着流水，带着梦想，传向四方……

广州亚运，是一个让所有的广东人乃至中国人值得记忆的夜晚。在这个以天为幕，以水为台，以灯火城市为背景的开幕之夜，广州体育的城市英雄容志行手擎火炬，跑进了人们的视野。

长久以来，容志行在公众的场合消失了。

容志行为之奋斗过的南粤足球早已式微，中国足球依旧沉沦……

在许多人看不到未来的时候，容志行却站了出来，向我们跑来了。

尽管他的外表已经风华不再，尽管他跑动的脚步略显老态。

毕竟，容志行回来了！

容志行，一个重新拨动中国人心弦的名字！中国足球的旗帜性人物！在他的身上负载着太多中国足球的唏嘘往事。

30多年过去了，当今中国的经济实力、体育地位乃至社会价值观都已天翻地覆，中国崛起已是不争的事实。然而如同人生中那些最值得珍藏的财富一样，容志行以及他那一代足球人的光辉，并没有随着岁月的流逝而磨灭。

2009年胡锦涛总书记重提“志行风格”，是对容志行的最高肯定。广州亚运会开幕式上他成为圣火的传递者，是足球人的光荣。

★ 第16届亚洲运动会开幕式在广州海心沙岛举行。这是火炬手容志行在传递火炬

作为广州亚运会的体育名片，容志行倾尽全力做好“亚运形象大使”的工作。他希望广州这座哺育自己成长、带给自己许多荣耀的体育名城，能借亚运会的东风，再铸辉煌。

其实，在广州亚运会之前，容志行就忙着为复兴南粤足球而努力。

容志行在2008年退休后，一直在当“足球义工”。他跟随广东第十一届全运队当“顾问”，指点这批年轻队员，为他们讲如何做人的道理，协助教练员纠正他们的基本技术，鼓励他们要有一个好的场上作风。这批队员大多在10岁左右便进入体校，后来分别进入了广东和广州青年队，为了迎接2009年在济南举行的第十一届全运会，2006年开始由曹阳组队执教，集中在广东足球训练基地训练。为了使队员得到更多的比赛经验，2007年，广东省足协与广东东莞日之泉集团合作，由日之泉冠名注册参加全国乙级联赛，队伍仍然由足协管理、运作。2008年年底，广东日之泉打入乙级联赛的决赛周，容志行随队远赴成都，坐镇当“高参”。九天的赛会制，广东日之泉队顽强拼搏，夺得亚军，冲甲成功。2009年，广东日之泉队双线作战，甲级联赛排名第五，全运会上勇夺银牌。这一年在广东日之泉队的所有比赛中，容志行都有参与。全

★ 2010年11月12日，容志行与乒乓球名宿邓亚萍参加广州亚运会火炬传递活动

运会后，该队六名战将入选了中国国奥队。

容志行依然忙着为中国足球做实事，足球的江湖又复见容志行努力的身影。

对于中国足球不断下滑的现状，容志行认为，主要是急功近利的结果。为了眼前的成绩和利益，忽视了基础工作；为了追求成绩不择手段，假年龄、假球黑哨等丑陋的现象横行，结果技战术能力上不去，成绩就上不去，形成恶性循环。

不过，对中国足球的前景，容志行也有着乐观的期待。他认为，中国足球也许会有腾飞的一天，但前提是大家要脚踏实地从基础工作做起。“不要再急功近利了，大家默默努力把基础夯实了，十年二十年后，我们会看到中国足球的提升。”

容志行是这么认为的，也是这么做的。

>> 对中国足球的前景，容志行也有着乐观的期待。他认为，中国足球也许会有腾飞的一天，但前提是大家要脚踏实地从基础工作做起。

不久前，一些广东省足球界知名人士和热爱足球事业的企事业单位筹组“广东省民间足球促进会”，他们邀请容志行担任会长。

当容志行了解到这个是非营利的社会组织，其性质是集社会民间足球资源来开展足球领域的公益、慈善活动，他当即答应参与这个组织的活动。广东足球有那么深厚的文化底蕴，现在又有那么好的环境，正是中国足球提高水平的好契机。

容志行和“广东省民间足球促进会”的同人都认为，广东足球曾经是中国足球的半边天，出现了李惠堂这样足以载入中国足球史的人物，也培养了古广明、赵达裕、彭伟国这样著名的国脚。但是现在广东足球和中国足球一样，失去了风格，没有了底气。广州现在虽然有不少足球队，尤其是恒大足球队，还取得了很不错的成绩，但是，恒大队中有几名广东籍球员，整个中超联赛又有几名广东籍球员？现在的职业俱乐部基本上都是依靠外援来打天下，职业联赛的球市是回暖了，但是中国足球人才的培养却没有回暖。

2013年1月25日，广东省民政厅正式批复同意成立广东省民间足球促进会的申请。这意味着广东这片土地上，又增添了一股致力于足球发展的新力量。

该促进会成立之后的第一个大动作就是举办“省长杯”广东足球冠军杯联赛，希望打造广东本土每年一届的草根足球联赛品牌。这项赛事的诞生也得到了广东省朱小丹省长的大力支持。中国职业联赛的环境虽然好了，但是中国足球的水平还是没有提升。这还是中国足球的培养体系断链造成的，也一直都没有改善。不重视青少年人才梯队的培养后果十分严重。朱小丹省长说：“希望你们将青少年足球人才培养做起来。”

中国足球多年来一直在低谷苦苦挣扎，随着中国体育改革的启动和摸索，中国足球也有了值得期待的希望。至少在广东，足球运动迅速发展的春芽已经萌发，因为广东的有识之士如容志行等人已经勇敢地迈开了探索中国足球发展新道路的步伐。

2013年5月3日，在马来西亚吉隆坡的亚足联第二十五届代表大会上，中国足球名宿年维泗和容志行分别获得亚足联“金星贡献奖”。

亚足联“金星贡献奖”是为表彰亚洲范围内从事和参与足球工作30年以上并为亚洲足球的发展做出杰出贡献的足球人士而专门设立的。

65岁的容志行和他的恩师、现年80岁的年维泗获得了这个分量不轻的奖项。

当得知自己获得“金星贡献奖”，现任中国足协副主席的容志行很激动。他说：“至于这次获奖，我深感荣幸，也比较意外。对于我们这些老足球人来说，荣誉是次

要的，最期盼的是中国足球尽快搞上去。我们高兴地看到，中央领导对于足球的关注正在持续加强，喜欢足球的市民也越来越多。只要大家埋头苦干，中国足球的春天必定会降临。”

中国足球目前不缺钱，不缺物质保障，甚至不缺体能和进入世界杯决赛的基本技术，缺的就是斗志和精神！我们期盼容志行带着他那永远不会过时的“志行风格”，积极投身到中国青少年足球的推广工作中去，培养更多有着高尚的体育道德、对技术精益求精的小容志行来。

参考书目

1.苏永舜.球场不平［M］.长春：长春出版社，2001.

2.香港足球总会，广东省足球协会.省港杯足球赛迈向20年［M］.香港：体育家出版社，1996.

3.蒋一（马风），赵孝思.体育世界轶闻［M］.上海：学林出版社，1986.

4.关鸿，曹维劲.神与人——世界文学中的英雄形象［M］.上海：学林出版社，1986.

5.苏少泉，陈忠干.足球名将容志行［M］.广州：广东人民出版社，1984.

6.国家体育总局《志高远　行天下》编委会.志高远　行天下［M］.北京：人民体育出版社，2010.

7.广东足球的风采［M］.广州：花城出版社，1994.

8.曹勇，王少华，于红.怎样欣赏体育比赛［M］.北京：军事科学出版社，1996.

9.容志行昨告别赛杨康华赠纪念杯［N］.大公报，1983-02-28（3）.

10.足球名宿容志行告别赛［N］.大公报，1983-03-01（8）.

附一 容志行大事记

1948年

容志行原籍广东台山。父亲容宝琛，母亲陈素芳。

7月30日，出生在开往印度的英国“沙丹拿”号油轮上。其时名叫容海生。容志行有兄弟四人，其排行第二。四兄弟姓名中间的字分别为立、志、定、坚。

容立行，容志行的大哥。年长容志行10岁。浙江省农业大学毕业。1977年病逝。

容定行（1949年12月1日—2012年6月12日），广州首届围棋“棋王”、广东东湖棋院副院长、围棋国际级裁判、围棋业余6段。

容坚行，职业围棋五段，数十年如一日将心血倾注于中国棋类事业的发展及中国棋文化的促进，现任广东棋文化促进会会长、广州棋院院长。

1953年

随父母从印度回国。住广州市解放北路周家巷41号3楼。

1955年

秋天，入读清泉街小学。

1957年

转学到广州市宝贤大街小学读三年级。

年仅9岁的容志行进入广州市宝岗体校足球班，师从卢柱健教练。

1962年

进入广州第三业余体校（二沙头业余体校）足球重点

班，师从李锦根教练。

同时在广州市第二十六中学读初中。

1964年

16岁。入选广州市工人足球队。

1966年

18岁。进入广州足球队。

1969年

21岁。入选广东足球队。

1970年

9月，首次到北京参加中国足球队的集训。

1972年

正式入选中国足球队。

1974年

参加第七届亚洲运动会。

1975年

参加第六届亚洲杯预赛。

1976年

参加第六届亚洲杯，获第三名。

1978年

参加第八届亚洲运动会和第七届亚洲杯预赛。

经过一年的预备期后，成为一名光荣的中国共产党党员。

1979年

首次被评为“全国十佳运动员”之一。

1980年

参加第二十二届奥运会预选赛和第十二届世界杯亚太区预选赛，被评为世界杯预选赛亚太区第四小组的“最佳进攻队员”。

获“运动健将”称号。

第二次被评为“全国十佳运动员”之一。

1981年

参加世界杯亚太赛区预赛，被评为“最佳攻击球员”。

首次获国家体委颁发的体育运动荣誉奖章。

第三次被评为“全国十佳运动员”之一。

1982年

3月，退役，任广东足球少年队主教练。

第二次获国家体委颁发的体育运动荣誉奖章。

1983年

1983年9月至1985年12月，入读华南师院干部进修班（广东行政管理学院前身）。

1986年

年初，任广东体工大队（广东省体育运动技术学院前身）党委副书记。

1987年

年底（六运会后），任广东体工大队党委书记。

1991年

6月，任深圳市体委主任兼党委书记及深圳市体育总会主席。

2003年

8月，继续当选连任中国足球协会副主席。

2008年

退休。

退休后，一直关心足球事业的发展，特别是对青少年的培养。从2008年开始，义务协助广东日之泉足球队（广东参加第十一届全运会队），并在乙级联赛决赛阶段随队前往成都，为该队冲甲成功做了不少努力。

2009年

9月29日，在“广东足球60年颁奖典礼”上，容志行获评“广东足球60年十大最受欢迎球员”，获得“广东足球60年突出贡献奖”。

9月，当选为“新中国60年最具影响力体育人物”。

全年义务担当广东日之泉队顾问，亲临中甲和全运会预、决赛每场比赛的现场，对年轻队员进行思想教育及技术指导，该队夺得第十一届全运会亚军，容志行功不可没。此外，容志行还加入广东万力名人俱乐部，定期到梅县等足球定点地区和学校对青少年进行辅导。

2010年

1月19日，广州亚运会筹办工作展示厅在亚体中心一楼揭幕，容志行接受广州市副市长、亚组委常务副秘书长许瑞生颁发的“广州亚运会宣传大使”证书。

2011年

6月16日，到佛山高明参加“中国足球名人进校园”活动。

11月7日，在海口市为第九届世界华人足球赛开球。

2012年

3月28日，为“2011—2012赛季粤超联赛”的获奖球队颁奖。

8月22日，广州天河奥体中心新安足球公园举办“广东省首届足球夏令营暨U15足

球锦标赛”，容志行出席了开幕仪式，并以一记点球入门启动了开球礼。

11月8日，出席在广州举行的“2012年万达广场中超联赛”颁奖典礼。

2013年

5月3日，获得亚足联颁发的“金星贡献奖”。

9月19日，出席广东梅县富力切尔西足球学校开学礼，并以中国足球协会副主席的身份宣读了中国足协发来的贺信，代表中国足协祝贺富力切尔西足球学校开学。

在新中国成立35周年、40周年、45周年、50周年和60周年时，均被评为“新中国杰出运动员”。

容志行还是中国共产党第十二次、第十三次全国代表大会代表，广东省第五、六、九届人大代表。

在广东省第六届人民代表大会上被选为广东省人大常委。

志行是中国足球的一座丰碑，继续倡导“志行风格”是中国足球人的愿望。

——蔺新江（足球教练，容志行在中国足球队的队友）

（摘自国家体育总局《志高远　行天下》编委会. 志高远　行天下［M］. 北京：人民体育出版社，2010.）

单单将“志行风格”总结为“受伤后不报复、良好的球场作风”是不全面的，而应该将“志行风格”理解为思想、技术、作风、比赛、生活的有机结合和统一，方方面面综合之后，才形成了真正的“志行风格”。

——年维泗（前中国足球队教练）

（摘自国家体育总局《志高远　行天下》编委会. 志高远　行天下［M］. 北京：人民体育出版社，2010.）

我觉得，一个人能够在运动场上建立殊勋，创造纪录，固然是值得赞美的；而能够在体育竞技场上树立一种崇高风格，到处传为佳话，为人们所景仰和赞扬，并且势将传之久远，蔚然成风，这就更值得赞美了。时间的流水会盖住许多纪录，可冲刷不掉这种风格。因此，“志行风格”比“志行技术”生命力还要强大得多。

——秦牧（中国著名散文家）

（摘自漫话“志行风格”［N］. 体育报，1983-07-18.）

11号（容志行）的控球、射门和组织才能，使我深感震惊。在赛前我还确认中国尚未出现超级明星。

——贝利（巴西足球运员、世界公认的“球王”）

（摘自《广东体育精英大观》编委会. 广东体育精英大

观［M］.（出版社不详），2008.）

要钳制容志行这样的对手是一件苦差，他的全面技术使我们无法将他冻结，他每一秒钟都在制造危机。

——凯文•基冈（联邦德国汉堡队中锋、1979年“欧洲足球先生”）

（《广东体育精英大观》编委会.广东体育精英大观［M］.（出版社不详），2008.）

他驰骋赛场近20年，以精湛的技术、良好的体育道德感染了队友，也受到对手的尊重，更得到全国球迷乃至全社会的公认。

——叶细权（容志行昔日队友、著名广东球星）

行哥的一言一行都是我们做弟子的学习典范。比如说场上作风吧，我一进广东队是行哥带的，他十分严格地要求我们首先要有良好的道德作风，才能成为一名好的足球运动员。这使我铭记于心，我后来能成为中国队的一员，并且球场作风上得到球迷的认可（王惠良在当运动员的十几年里也从未领过红、黄牌），这都是行哥言传身教的结果。

——王惠良（著名广东球星）

（摘自国家体育总局《志高远　行天下》编委会.志高远　行天下［M］.北京：人民体育出版社，2010.）

行哥（指容志行）不但教会我踢球，更教会我做人，使我受用一生。我一入二沙头广东足球队，就是行哥带我的。他经常教育我们，要踢好球，首先要老老实实地做人，只有学会了做人，才能提高足球技术水平。我这些年来，都以行哥为榜样的。

——黄德保（著名广东球星）

（摘自国家体育总局《志高远　行天下》编委会.志高远　行天下［M］.北京：人民体育出版社，2010.）

容志行是我们足球界的大佬，全国就他的球踢得最好，人品也很棒，绝对是我们圈中人士的大哥，也是我们广东今天这么多到场元老的大师兄，当年踢球的好榜样……我们这几代的球员，都对老前辈相当尊敬，我们很多人都是看着他们踢球长大，在那个时候他们踢球都是我们学习效仿的好榜样。现在的年轻球员很多人可能都不认识容志行了，更别说学习我们当年那些精神了，就知道为名利踢球。

——赵达裕（著名广东球星）

（摘自元老道破广东足球衰落根源：年轻人认识容志行吗？［EB/OL］.(2006-11-27).http://sports.sina.com.cn/c/2006-11-27/11012590993.shtml.）

提起容志行，我的第一印象还是停留在他在国家队的“三进三出”上。那时候，由于我们的选人标准还是简单的“先看身体、后看速度”，因此，先天条件并不出色的容志行并没有占据国家队主力位置，反倒是被多次退回到省队。可就是这样，容志行基本功扎实、技术特点突出的优势还是显现出来了，这也为他日后成为国家队核心奠定了基础。

——张俊秀（前中国国家队副领队兼教练）

（摘自国家体育总局《志高远　行天下》编委会.志高远　行天下［M］.北京：人民体育出版社，2010.）

足球是一项竞争对抗非常激烈的项目，但“志行风格”提倡不与对手计较身体的过分对抗和犯规，“打不还手，骂不还口”……容志行很善于思考，喜欢安静，这与他喜欢下围棋和象棋有关。他有很好的心理状态，比赛总能发挥得很好，把平时的技术发挥出来。

——戚务生（前中国国家队主教练）

（摘自国家体育总局《志高远　行天下》编委会.志高远　行天下［M］.北京：人民体育出版社，2010.）

当时中国队的对手主要还是一些亚洲队，而容志行在比赛中经常给队友以鼓励。无论是你失误了，还是有出色的发挥，他都会鼓励你。我和他在国家队一起的时间并不长，但能感受到他对技术的追求，以及对足球这项事业的无私奉献。这么多年过去了，我仍能感受到他的友情。

——李维淼（前北京足协秘书长）

（摘自国家体育总局《志高远　行天下》编委会.志高远　行天下［M］.北京：人民体育出版社，2010.）

后记

1981年“中科之战”首战时，笔者正在上大学。宿舍楼道里放着一部14寸的黑白电视机，我们一大群足球爱好者围着电视机，紧张地盯看这场重要的比赛。容志行率先破门，继而率领中国队掀起进攻狂潮，力斩亚洲冠军科威特队于马下……

这是一场挽狂澜于既倒的生死大战，中国队竟然赢了强大的对手！完场的那一瞬间，笔者不是疯狂，而是愕然：中国足球竟然有容志行这等大神？！

有些激动的同学烧了扫帚，舞成“火炬”，疯狂地冲上大街去游行庆祝中国队的胜利。看着球迷们的疯狂举动，我真切地感受到：这才是真正的快乐足球！

而容志行，则是仙界降落中国绿茵场的大神。

有着高超球艺与高尚风格的容志行是中国足球运动员的典范，他将脚下功夫、场上意识、领袖风采及大局观结合起来。在球艺上，容志行代表着新中国成立以来中国足球追求的方向——技术始终优先。

确实，在那些年，以容志行为核心的中国足球队打了不少激动人心的胜仗，让中国球迷有了一种“站起来了”的快感。

可当我们要接近，要了解这位大神的时候，却发现他是如此的低调，那么的谦虚。

容志行不是神，他和我们一样都是有血有肉的凡人。甚至，以足球运动员的角度来衡量他，他的身材、力量、速度等等身体条件，并不是很好，但他能做到一般人做不到的事。这就是他通过努力创造的一种奇迹。

而奇迹的出现，不外乎是他苦练加巧练，并将练习的成果有效地呈现在球场上。

在容志行那一拨球员退役后，中国足球都没多少起色，一些外国足球专家也应邀来华“会诊”中国足球。许多专家看了中国球员的训练和比赛后，都有一种看法：中国球员训练时的水平不错，但到了比赛，水平就大打折扣。这是心理素质差、不会用脑子踢球、不善于战的结果。

1981年世界杯预选赛上，中国队剑气如虹：破日本，容志行远射一锤定音；拼朝鲜，四个进球容志行助攻其三；斗科威特，容志行带伤出任中锋，竟以头球首建奇功；大逆转沙特，从落后两球到连扳四城，容志行又是三度助攻！这些胜仗，解球迷于倒悬，极大地振奋了中国人民。从不俯顺困难、以磅礴气势作战的容志行在这些战役中，几乎是以一己之力使中国队一跃成为亚洲一流强队。正是因为容志行的存在，中国足球曾经无比接近在西班牙举行的第十二届世界杯。

创造神奇的容志行看似是“神”，实际是他善于战的表现。技艺精湛、比赛时心无旁骛、以大局为重……这些都是容志行踢球的风格，也是“志行风格”的底色。

目前，中国足球是到了需要重整乾坤的时候，“志行风格”作为重振中国足球的精神支柱，需要发扬光大。

2009年胡锦涛重提“志行风格”的意义、2013年广东省体育局将容志行的“善于战”纳入“广东体育军团精神”，都是对永不过时的“志行风格”的大力肯定。

著名诗人刘逸生在赠容志行的诗中写道：“都爱志行风格好，德才兼备是人才。”“德才兼备”是对“志行风格”最简洁的概括。但什么是容志行的德？什么是容志行的才？这需要有具体的表述和解读。《志行风格——容志行传》的出版，不是造神，而是树人。我们通过这本书，以讲故事的形式，形象生动地介绍容志行“善于战”的成长历程。希望读者，特别是从事体育工作的朋友学习“志行风格”，志存高远，以容志行为楷模，发扬他的体育精神、体育风格，在比赛中为国争光。

在当今物质丰富但精神欠缺的大环境下，我们更加需要“志行风格”的精神感召，作为我们思想力量、行动力量的源泉。这也是出版《志行风格——容志行传》的意义所在。

容志行点燃的“志行风格”是一个文明的火种，是不会熄灭的。

由于坊间甚多关于容志行的“传奇”故事，有不少是失实的传闻，为慎重起见，容志行在百忙之中核实、审定了本书的内容，以免以讹传讹。书中图片均由容志行本人提供。

另外，广东省体育局党组副书记叶细权、南方日报出版社刘志一、足球评论员邓志华等人均对本书的写作贡献良多，在此一并感谢他们。

胡荣锦

2013年9月28日